マスクしたまま30秒!!

マスク老け 撃退顔トレ

歯科医師
口もと美容スペシャリスト
石井さとこ

集英社

はじめに

皆さん、歯ッピーですか？　石井さとこです。

歯科医師の私は、日夜、健康できれいな歯はもちろんのこと、皆さんが素敵な口もとになるにはどうしたらいいかを考えています。

ところがこのところ、最近、多くの人たちの口もとが大変なことになっています。

マスクをとった自分の顔にギョッとした！　なんていうことはありませんか。

口角が下がり、ほうれい線が深くなり、あご下がたるんでいたり。ぷつぷつと吹き出物が出ていたり。歯も黄ばんでいたり。なんだか口臭もしているような気がする……。

これこそ、恐怖の「マスク老け」です。

ウイルス感染予防で、マスク必須の日常になったことから、口もとへの意識が疎かになってしまっているのです。

私のクリニックには、女優、モデル、タレント、フリーアナウンサーといった美しい笑顔が欠かせない人たち、一般の方でも意識の高い女性たちが訪れてくださいます。そんな美しい人たちにも「マスク老け」は関係なく襲ってきます。そこで、私は考えました。

マスクをすることをネガティブでなくポジティブに捉えて、マスクをしているからこそできることはないか、と。

そして、編み出したのが、マスクのなかの秘密のエクササイズです。ウイルスや菌に負けないで、美しい笑顔のままでいられる習慣の数々です。

どうぞ新しい生活様式のなかでも、歯ッピーに美しく、自分らしく生きてください。

さあ、歯じめますよ！

歯科医師　口もと美容スペシャリスト　石井さとこ

もくじ

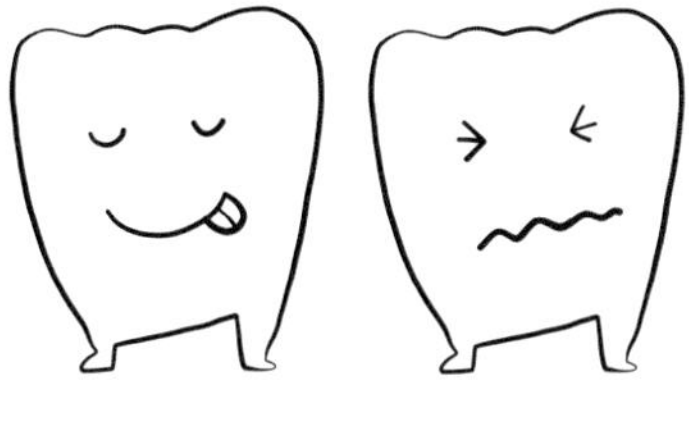

第3章

歯ッピールール15
ウイルスに負けない口もとになる!!

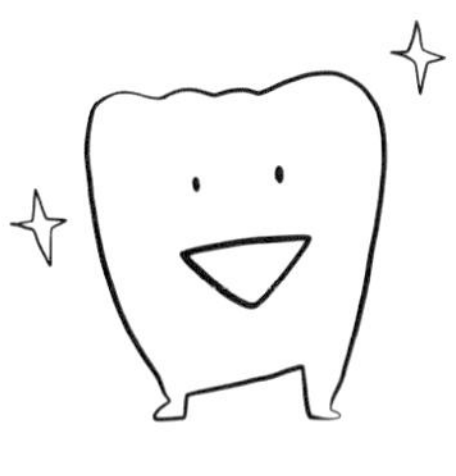

Staff

撮　　影　初沢亜利
ヘア&メイク　茂手山貴子
構　　成　森　綾
イラスト　カイフチエリ
動　　画　石井杏奈
デザイン　村沢尚美（NDA）
　　　　　宮崎恭子（NDA）
校　　正　みね工房
協　　力　北村朋子（SDM）
　　　　　横川未来美（SDM）

第1章

あなたは大丈夫?

しのびよる「マスク老け」の恐怖

美しい人たちも「マスク老け」していた！

私のクリニックには世の中で活躍している女優、タレント、アナウンサー、モデルといった職種の人たちが大勢来てくださいます。ところが、感染予防で外出にマスクが欠かせない時代、美しい彼女たちからもこんな声が囁かれました。

「先生、私、なんだかマスクをとったら、前より老けている気がするんです」

失礼ながら、まじまじとその顔を見ると、確かに今までなかったシワが！

小鼻の下から口角に向けて刻まれるのがほうれい線。

そして、口角からあごに向かって刻まれるマリオネットライン。

この2つのシワが深くなると、いっぺんに老け顔になってしまいます。

気分が暗くなるようなニュース映像ばかりを目にして、口角は下がりっぱなし。マスクの下で顔の筋肉を動かさない。人目も気にならないので、メイクやお手入れもせず、緊張感なし……今まで経験したことのないそんな生活習慣が、すべての女性を「マスク老け」の恐怖へと誘っているのです！

マスク老け現象 その1

口臭

マスクを日常的にしていなかった頃と比べると、毎日マスクをしている今のほうが口臭をリアルに感じるようになった、という声をよく聞きます。

以前は毎食ごとに歯を磨いていた人も「今日は人に会わないからいいや」とか「マスクしているから相手に口臭は感じられないだろう」と、歯磨きを疎かにしている場合もあるのかもしれません。

マスクしているから面倒で、水分もとらないと、口のなかは乾いてきます。口のなかが乾くと、臭いのもととなる嫌気性菌《けんきせいきん》が発生し、口臭を呼び込みます。

また、唾液の分泌は口臭を防ぐ働きがあることを覚えておいてください。さらさらした唾液は、口のなかを自浄し、ウイルスや菌の侵入を防ぐ働きをするのです。もし口のなかが乾いたら、水を飲んだり、ガムをかむなどして、口内を潤すと、口内環境がよくなり、口臭も減ります。

マスク老け現象 その2

歯の汚れ　くすみ

仕事がリモートになったり、時差出勤で生活のリズムが変わったり。そのことで緊張感が薄れると同時に、マナーやエチケットの気持ちも薄れてしまいがちです。

その一方で、慣れない生活からのストレスで、コーヒー、紅茶、赤ワイン等の嗜好品を、以前よりもだらだらととりすぎていたりするかもしれません。

歯磨きの回数が減ってしまうと、その汚れもそのまま放置。マスクをしていると面倒になり、こまめに鏡でチェックすることも疎かになってしまいます。

気がつくと歯の表面が薄汚れ、歯の色もくすんでしまうのです。

歯の汚れが気になったら、歯科医院で歯のクリーニングやホワイトニングを受けるといいでしょう。歯の表面の汚れがきれいになるばかりではなく、口内の環境を整えると、雑菌の繁殖が抑えられ、虫歯や歯周病のリスクも下がります。歯を清浄に保つことは、健康にもよい影響を与えるのです。

マスク老け現象

その

3

顔のたるみ　シワ

世界中の人々がもう半年以上、人生で経験したことのないマスク生活を続けているのではないでしょうか。多くの人が、マスクをとった自分の顔になんらかの変化があるのを実感していると思います。

鏡を見てみましょう。

まず「マスク老け」が見た目にはっきりとわかるのが、たるみ、シワですよね。

なぜ、たるみや、シワがマスク生活によって起こるのでしょうか。

まず、15ページの顔のイラストを見ていただくとわかりますが、顔は大小30以上の筋肉で出来上がっています。これらが複雑に関わり合い、様々な表情を作るのです。特に口もとまわりは顔の筋肉の7割を司っています。

しかしマスクをすることで、顔の下半分（以下、「下顔面《かがんめん》」と呼びます）が見えなくなります。見られていない場所はあまり動かさなくなりますね。マスクがずれるのが嫌で、思いきり笑うなど感情表現のある表情も作りづらいでしょう。会話をすると呼気がマスク内にこもるので、どうしても必要最小限になります。

マスク生活で、顔や口もとまわりの筋肉の運動量が減ると、筋肉にリンパ液を押し流す動きが減ります。そのため、むくみやすくなり、筋肉の衰えも進行するのです。こうしてマスクを外したとき、口角が下がり、たるみも目立つ老け顔モードにシフトしてしまうのです。

そう、問題は「下顔面」の筋肉の運動不足です。

筋肉は毎日、意識して使わないと、退化してしまうのです。

私の仕事は長年、食事中以外ほぼ1日中マスクが必要ですから、マスクを外したらほうれい線がくっきり、なんていうことに30代頃から気づいていました。そこで考えたのが、マスクの下でできる顔の筋トレだったのです。

次章では、私自身も私のまわりの人たちも実践して効果的だった「マスク老け」を撃退する顔トレーニング（以下「マスク老け撃退顔トレ」）を紹介します。

このメソッドは15あって、「マスクしたまま顔トレ編」「マスクしたままほぐし編」「マスクをとっておうちでトライ編」の3つに分かれています。全身運動の前に準備体操をするのと同じように、顔トレ1の「モダイオラスほぐし」（P18）をやってからであれば、何をいくつやってもOKです。通勤時間、隙間時間にどうぞ。

慣れてくれば、マスクをしていないときも、マスクをしているときも、いつでもすべてのトレーニングをすることが可能だと思います。ぜひご自身の顔を毎日チェックして、必要な顔トレを自分のためにカスタマイズして続けてみてください。

また、緊張の連続や不安な精神状態も顔の筋肉を強張らせ、たるみやシワを引き寄せます。生活のなかで、気分転換として使えるのも、この「マスク老け撃退顔トレ」のいいところ。たるみやシワではなく、歯ッピーを引き寄せてくださいね。

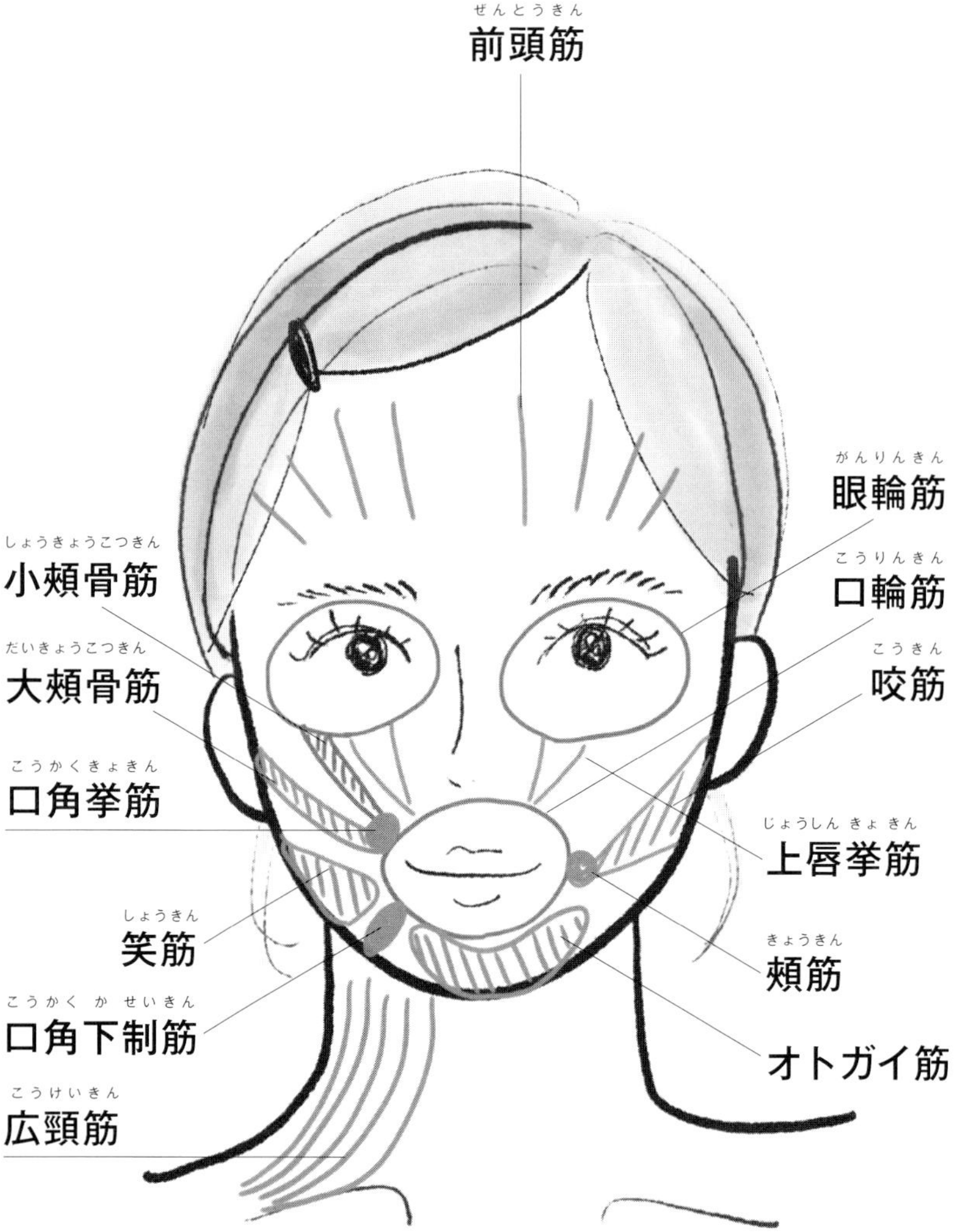

「マスク老け撃退顔トレ」で動かす顔の筋肉の種類。短い筋肉がたくさん連携し合っています。筋肉は自分で動かすことで、さらに効果的に鍛えられますよ。

あなたもマスク老け!?

チェックリスト

いくつあてはまりますか？ ３つ以上あったら
要注意!! 早速、顔トレをスタート！

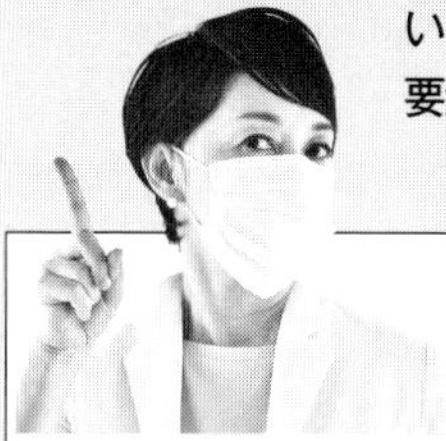

Check List

- □ 口角が下がってきた
- □ ほうれい線が深くなった気がする
- □ 口の横からあごにかけてマリオネットラインが出た
- □ 上唇が薄くなったり、シワっぽい
- □ 二重あごになっている
- □ 下顔面が大きくなってきた
- □ 目もとのたるみ、シワが気になる
- □ マスクの中で自分の口臭が気になる
- □ 歯の黄ばみが濃くなり、くすんできた
- □ 歯肉が腫れたり、痛んだりする
- □ 口の中が乾燥してカラカラになる
- □ 気づくと鼻でなく、口で呼吸している
- □ 以前より滑舌が悪くなった
- □ 仕事などに集中しているとき、歯をくいしばっている
- □ 口が開きづらくなった気がする

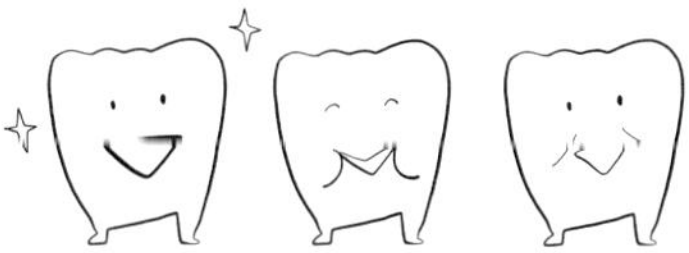

第2章

電車でも、おうちでも!

マスク老け撃退顔トレ実践編

顔トレ 1

マスクしたまま顔トレ編

筋肉の集まる重要ポイントを内側から舌でマッサージ

モダイオラスほぐし

左右の口角の内側の少し上あたりにある、小さなふくらみが、モダイオラス。顔の筋肉が集まってくる大事なポイント。口中でここに舌先を当て、下から上に向かってほぐしていきます。左右10回ずつ。表情筋がほぐれ、この後のトレーニングが、スムーズに。舌筋を使うので筋トレ効果大、唾液も出て一石二鳥ですよ！

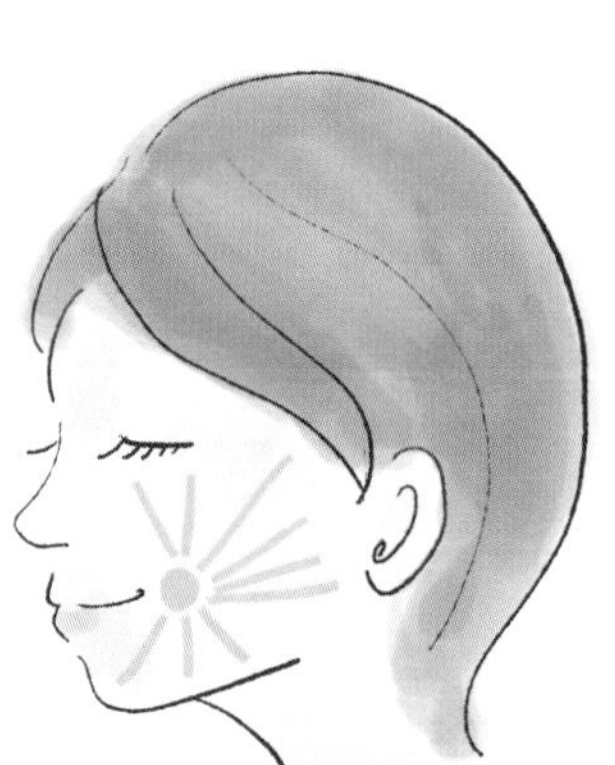

顔にある、たくさんの筋肉の集約ポイントがモダイオラス。

★２次元コードを読み取って顔トレをマスターしましょう

HOW TO

動画をチェック!!

まずは準備体操～!!

口角の内側の少し上、
モダイオラスを舌で
下から上に丁寧に刺激

逆側も。固まった顔の筋肉を
伸ばすように、舌でほぐして

左右10回

SATOKO's
歯ッピーWords
モダイオラスがほぐれたら
口角アップの幸運顔に♡

顔トレ
2

口内でゆっくり舌を回すだけで
下顔面のたるみがすっきり！

10秒舌回し

口角の裏側を出発点に、上の歯茎を舌でなぞるように前歯、反対側の口角、下の前歯とぐるりと動かします。逆方向にも同じようにぐるりと1周。10秒かけてゆっくり動かしましょう。ほうれい線や、二重あごなど下顔面のたるみの改善に効果大。舌の位置が下がることの防止にもなります。また、食後にやると唾液の分泌を助けるので、口内の簡単なおそうじにもなります。

右回りしたら、
左回りもね

HOW TO
動画をチェック!!

10秒かけてゆっくり
回すのがポイント!

下顔面の悩みを
すっきり解消よ

SATOKO's
歯ッピーWords

唾液がたっぷり出るので、
口臭も防げますよ！

顔トレ 3

口臭のもと＝舌の汚れをオフ。
マスク内の息も爽やかに!!

マスクの下で舌そうじ

舌の先が本来の正しい位置（上あごの前歯の裏）についていれば、自然に上あごの粘膜と舌がこすれあうので、舌の表面の汚れは落ちます。まず舌を正しい位置に置いてから、上あごに舌をこすりつけてそうじを。舌の汚れが落ちるので、口臭予防に効果的。舌の運動にもなり、唾液が出るので、さらに舌はきれいになります。

上あごの口蓋《こうがい》というポイントに舌を押しつけるようにして10回スリスリこすります

HOW TO
動画をチェック!!

**上あごに舌をつけて、
やさしくこすりましょう**

SATOKO's
歯ッピー Words
**息美人になるには舌の
そうじも大事なんです!**

顔トレ
4

難易度やや高め上級トレ。
舌まわりの筋肉を鍛えよう

舌《タン》アップ体操

1

舌を口内上部に
ピタッと、つけてから

SATOKO's
歯ッピー Words
血行促進で下顔面すっきり！
顔色だけでなく、気持ちまで
明るくなっちゃいそう！

HOW TO
動画をチェック!!

舌先を上前歯の付け根から、真ん中あたりまでぴたりとつけたまま、口の開け閉めを５回します。舌を口内上部につけたままの開閉は難しく、最初は疲れますが、下顔面を鍛えるのに最適です。舌から喉の奥につながるインナーマッスルや、あごの筋肉が鍛えられすっきり。血行もよくなるのでむくみ防止にも。滑舌もよくなります。

舌の裏の筋が見えるくらい、口を大きく開けるのが
ポイント!! あごがだるくなるのは効いている証拠です。

顔トレ
5

マスクの下ならゴリラ顔も平気。
シワのもとは内側から伸ばそう

ほうれい線アイロン

ほうれい線のできる
位置を確かめながら

筋肉の衰えで深くなるほうれい線。舌の筋肉を使ってほぐしながら、伸ばしていきましょう。このあたりかなというところを顔の上から指で確かめて、内側からほうれい線のラインをゆっくりグイグイ伸ばします。左右10回ずつ、舌を上下させてアイロンがけしていきましょう。

HOW TO
動画をチェック!!

1

左にグイグイ10回。
ゆっくりゆっくり

2

右にグイグイ10回。
舌でアイロンがけ

SATOKO's
歯ッピー Words

マスク老けが一番現れるのがほうれい線。ゴリラみたいな変顔こそ美への道よ！

顔トレ
6

眼球を動かせば口もとが動く。
いきいきした歯ッピー顔に

4《よ》くばりトレ

上

視線は上にステイ、
舌は上前歯の上に

左

視線は左にステイ、
舌は左頬に

HOW TO
動画をチェック!!

SATOKO's
歯ッピー Words

マスク生活だからこそ、口ほどにモノを言う目は大事です。いきいき★キラキラさせて。

口の中で、上、左、下、右と４カ所を舌で押さえながら、視線も上、左、下、右と４カ所でステイ。逆回りもやってみましょう。舌の動きで下顔面を、目の動きで上顔面も連動させて元気に。

右

視線は右にステイ、
舌は右頬に

下

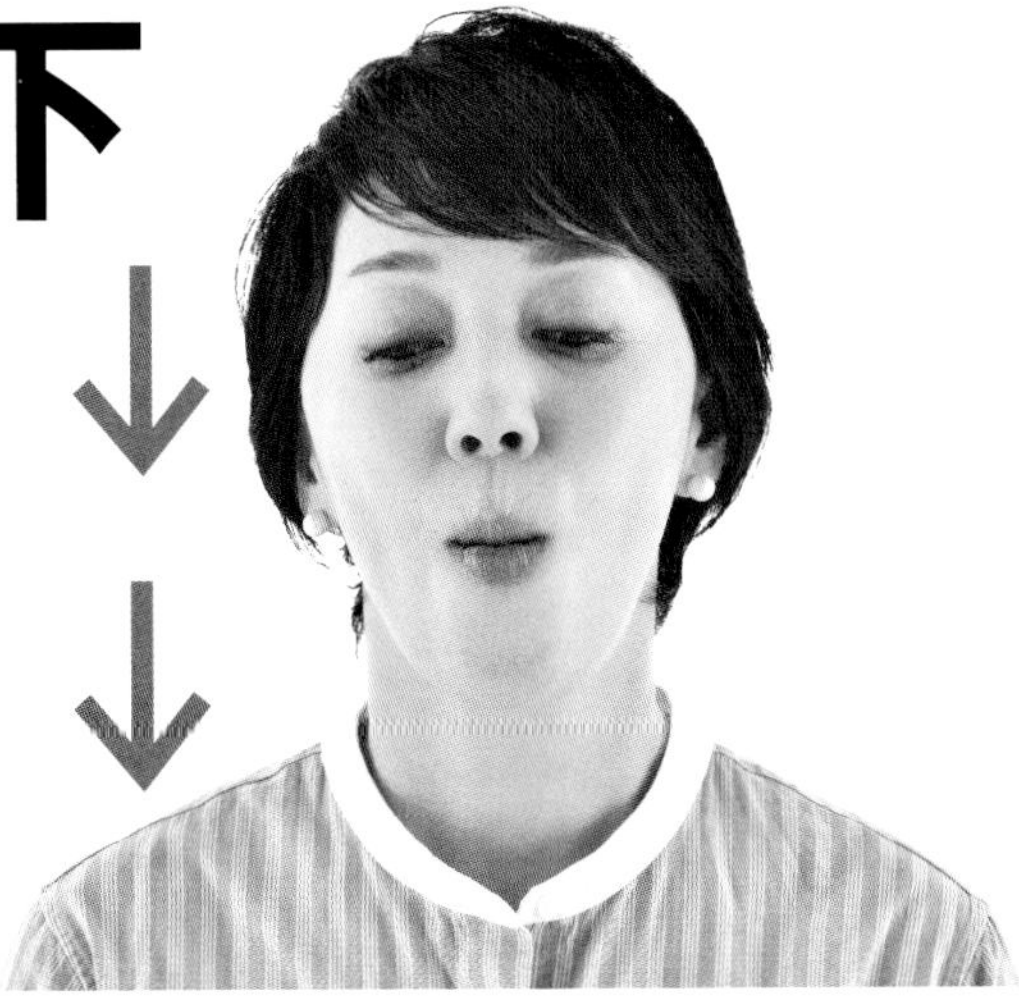

視線は下にステイ、
舌は下前歯の上に

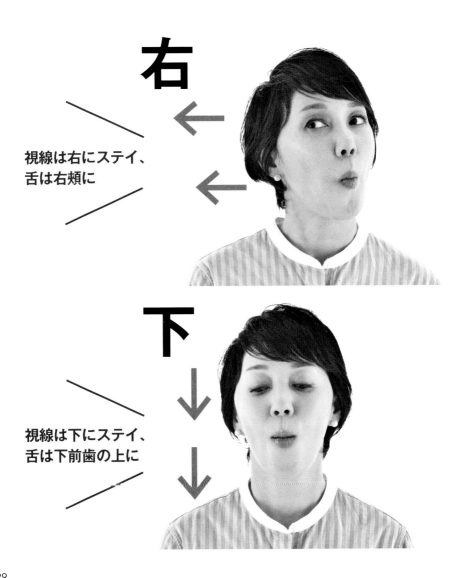

顔トレ
7

マスクしたままほぐし編

耳まわりはツボの宝庫。刺激であごもほぐれて、ストレス解消！

耳ひっぱり&耳ぎょうざ

1

両耳をしっかり持ち斜め上にひっぱって

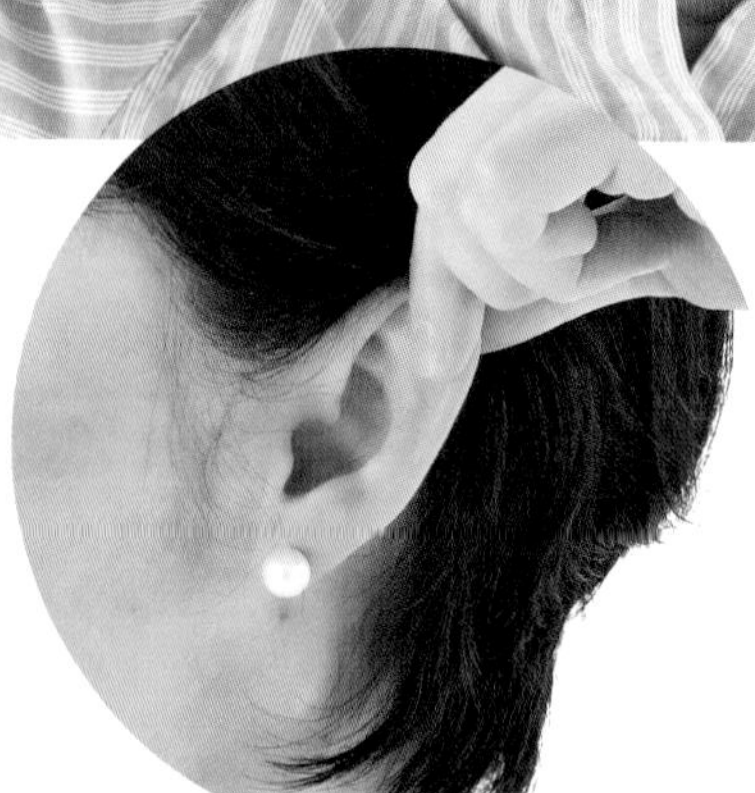

つかんだ部分を回してから、10秒キープ

HOW TO
動画をチェック!!

両耳の上部をしっかり持ち、斜め上にひっぱります。上部を少し回したら、10秒ほどキープして、離しましょう。硬くなりがちな筋膜がゆるみ、顔がリラックス。次に耳を指で上下に折りたたみます。顎関節まわりがほぐれ、耳にあるツボも刺激するので、顔も気持ちもぽかぽかしてゆるみます。

耳をぎょうざみたいに
折りたたんじゃおう

2

SATOKO's
歯ッピーWords

マスクの下で固まった顔を耳からリラックスさせて。寝る前にもおすすめ！

耳をぎゅっとつぶして
10秒キープ

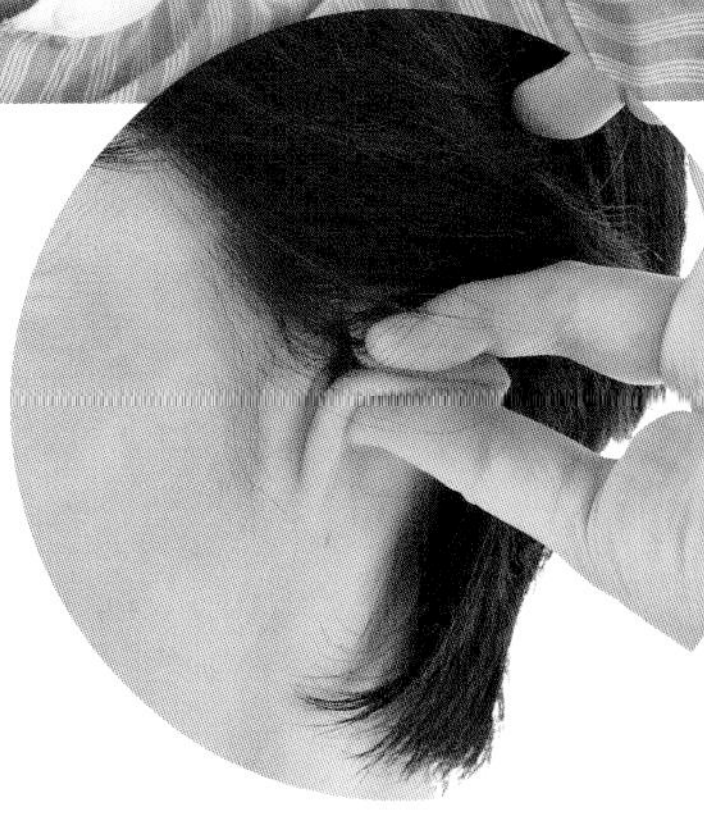

顔トレ
8

美肌ホルモンを含んでいる
唾液のツボを押しましょう

美唾液《びだえき》プッシュ

両耳の上部手前、骨の出っ張りがある近くの、小さなくぼみを指の腹で10秒押し、離す、を繰り返します。こうすることで、耳下腺が刺激され、唾液の量が増えるのです。唾液が出るツボはいくつかありますが、耳下腺付近のこの場所から出るさらさらした唾液は、成長ホルモン「パロチン」を含んでいます。「パロチン」は美肌へ導くホルモン。この唾液を私は〝美唾液〟と呼んでいます。喉の渇きを感じたときなど、マスクしたまま、こまめにプッシュしましょう。

美唾液のポイントは、耳上部の前
あたりにある小さなくぼみです。

HOW TO
動画をチェック!!

さらさらの美唾液で
口内をリフレッシュ

SATOKO's
歯ッピー Words

美唾液が出ることで、肌の不調や更年期のドライマウスの改善も期待できますよ。

顔トレ
9

歯をくいしばる人生に別れを。
顔も心もほぐしてリラックス

かみしめほぐし

目を閉じ、こめかみの周辺を人差し指、中指、薬指の３本で、前へぐるぐる５回、後ろへぐるぐる５回マッサージ。奥歯をぎゅっとかんだときに硬くなる部分をほぐすと、顎関節や視神経の血流もよくなり、リラックスにつながります。寝ているときに歯ぎしりをしている人は、目覚めたときに。マスク生活で、紐が当たる部分が重く感じたときにもやってみてください。

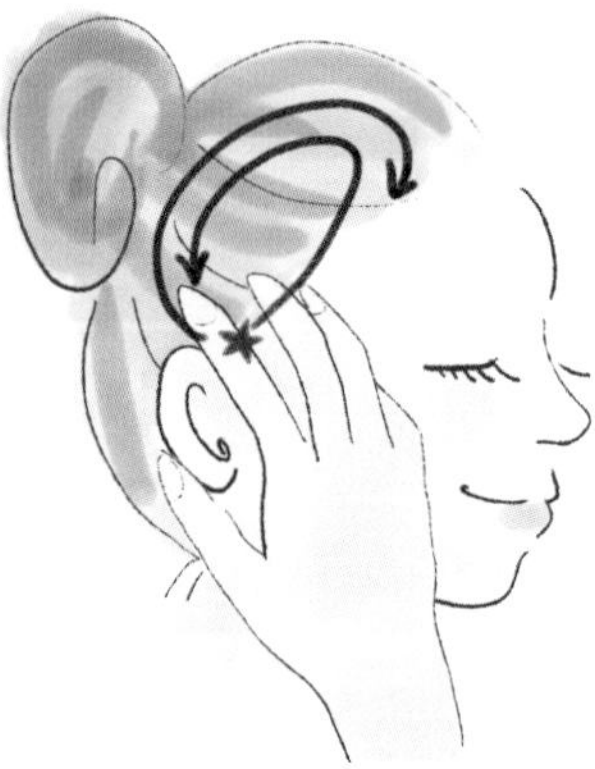

こめかみから側頭筋エリアを
丁寧にマッサージしましょう。

HOW TO
動画をチェック!!

前へ後ろへぐるぐる
指の腹でほぐして

SATOKO's
歯ッピ　Words

かみしめて硬くなった筋肉をほぐしてあげてください。自分にも、おつかれさま！

顔トレ
10

マスクをとっておうちでトライ編

足りないのは「R」の口の動き。
舌の筋トレでリフトアップ

レロレロエクササイズ

『レ』

「RE(レー)」と、
声を出しながら
舌を前へ出して

SATOKO's
歯ッピーWords

舌まわりの筋肉を鍛えて舌の位置下がり、お口ぽかん顔を解消して爽やか顔に！

HOW TO
動画をチェック!!

英語の「R」の発音のように舌を使うエクササイズ。「RE（レー）」と思いきり声を出し、舌を前に出します。次に舌を巻くように引っ込めながら「RO（ロー）」と発声します。このとき、舌の先が口内の上に触れるように意識し、なるべくおおげさに。セットで10回繰り返します。

『ロ』

舌下がり防止に効果バツグン!!

「RO（ロー）」と、言いながら、舌先を上あごにつけて

「ロ」のときは舌が丸くなるように意識して。鏡の前でやってみましょう。

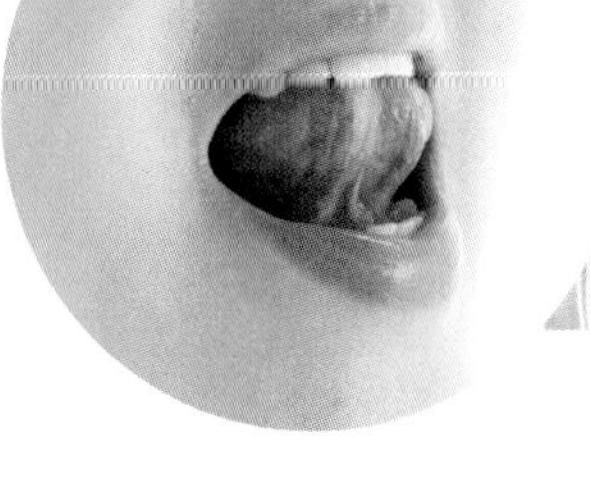

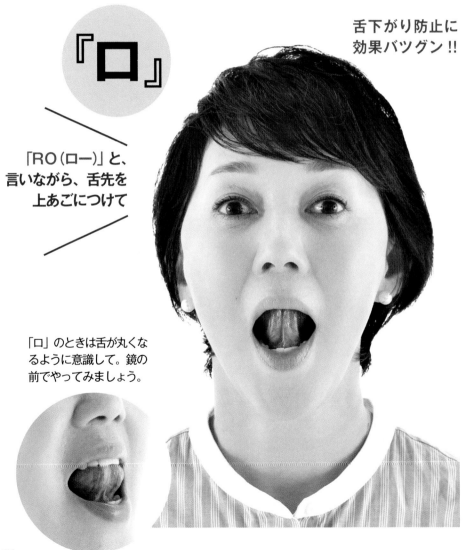

顔トレ 11

顔全体を動かす5音の発声で
滑舌よし、表情よしの美顔に

は・に・ふ・え・ろ

『は』

「は」と言いながら
口を大きく開ける

『に』

「に」と口を横にし、
口角も上げます

HOW TO
動画をチェック!!

『ろ』

舌を口の中で丸めて
巻き舌で「ろ」！

SATOKO's
歯ッピーWords

PCやスマホを長く見た後は
この顔トレで顔全体を動かして。気持ちも晴れやかに！

『え』

口角を後ろに下げ、
森進一ふうに「え」

『ふ』

両頬をくっつける
ように「ふ」と言う

表情筋全体をほぐしたいときに。おおげさなくらいに口を縦横に開け、声も出してみましょう。最後の「ろ」は、巻き舌で。顔がぽかぽかして、血流がアップしているのがわかるはずです。

顔トレ
12

二重あご防止&改善に最強！
あごと首筋肉のトレーニング

下唇ふー

1

SATOKO's
歯ッピー Words

私も撮影前は本気出して1週間朝晩やります。たるみがすっきり、マリオネットラインに効いて笑顔に自信！

HOW TO
動画をチェック!!

姿勢を整え、胸を張って背筋を伸ばし、顔をゆっくり天井に向けます。このとき首の前が伸びています。次に、息を吸い込み、下唇を上に向かって引き上げながら５秒かけて「ふー」と、息を吐きます。これを３回やってください。マスク下でゆるむ下顔面から首の筋肉を鍛えるのに最適。下あごのたるみ、二重あごの改善に効果的です。

下唇ふーのポーズで
５秒かけて息をふー

2

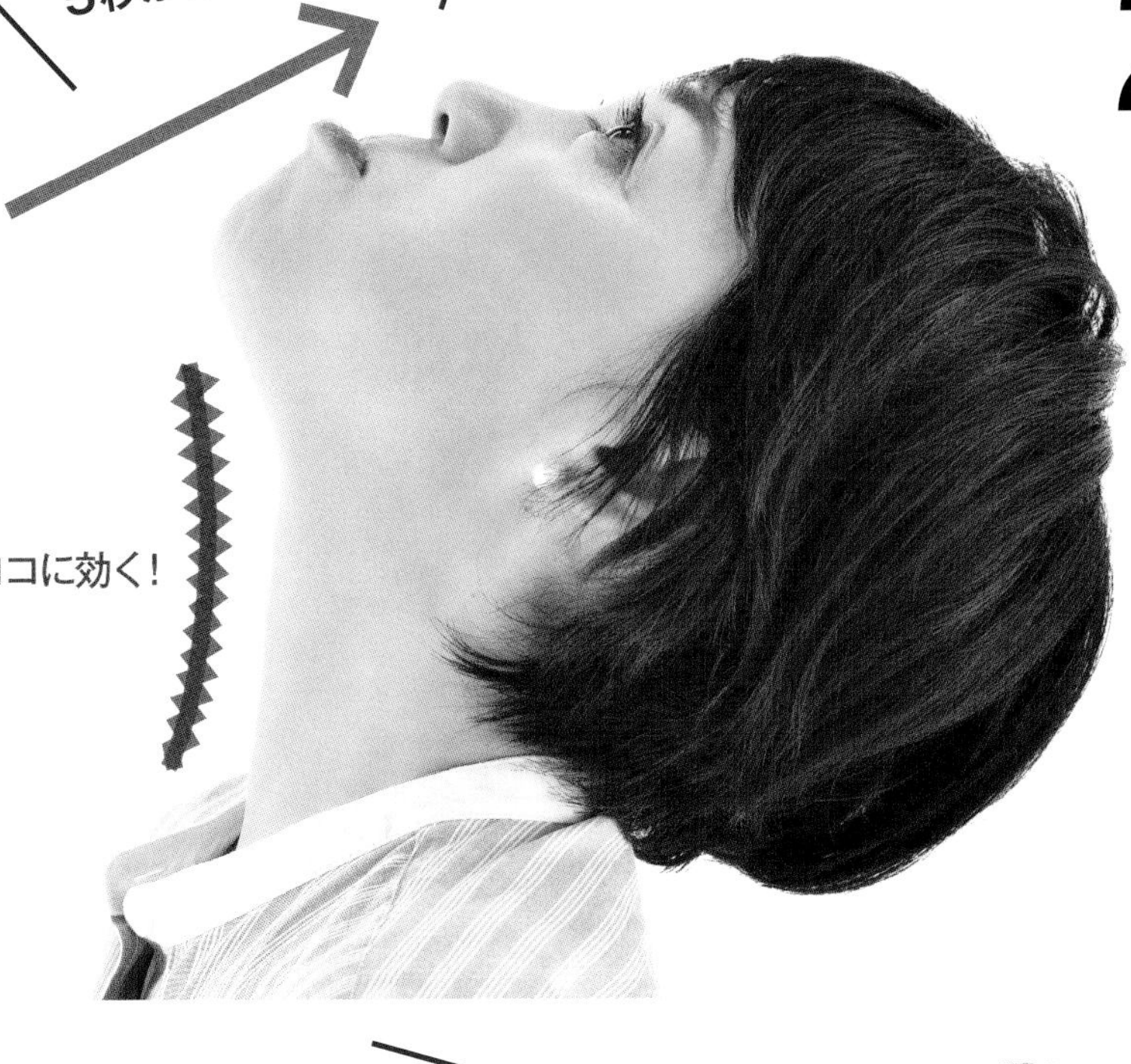

ココに効く！

下唇を引き上げると、
広頸筋《こうけいきん》も伸び〜る!!

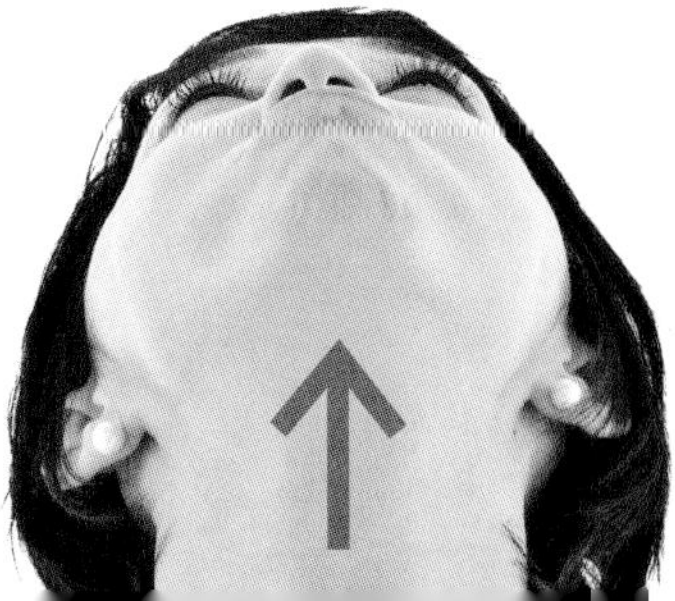

顔トレ
13

下顔面の引き締めと同時に、
口角アップで幸せ笑顔の練習を

笑顔から口笛

まず口角を上げ、横に口を引いて、思いきり笑顔になります。そのまま5秒キープし、大頬骨筋《だいきょうこつきん》を刺激。その後、両頬をきゅっと絞るようにして、口笛を吹くことで広頚筋《こうけいきん》を刺激。下顔面が引き締まり、首筋からデコルテラインもきれいに。横、縦と2回繰り返します。

HOW TO
動画をチェック!!

2

唇を縦にすぼめて、
口笛を吹きましょう

SATOKO's
歯ッピーWords

口笛を吹くことで、心にも解放感が!
楽しくなってきて笑顔も自然に増量。

顔トレ
14

驚き顔&怒り顔でエモーション復活。
目力強化&フェイスラインがシャープに!!

エモ筋トレ

びっくり顔

1

えーっ、ほんとに♥
嬉しいーっ!!

口も目も大きく開け、顔全体でびっくりした顔で５秒キープ

マスクの下で固まった顔の筋肉を動かすには、まず嬉しいサプライズがあったことを想像して驚いた顔に。その後「ずる～いっ」というぷんぷん顔を作ります。運動不足の筋肉を目覚めさせ、普段使わないエモ筋を意識して縦横に動かすことで、血流がぐんとアップします。

HOW TO
動画をチェック!!

2

ぷんぷん顔

ぷんぷんしちゃう♥
空気を口に入れて
エモ筋活躍！

口角の横に空気を
ためて５秒キープ

SATOKO's
歯ッピー Words

普段は使っていないエモ筋
（感情で動く筋肉）を動かし
心も目覚めさせましょう。

顔トレ
15

唾液も出る！ 口輪筋への刺激で
血流アップ、うるうる唇に

ぴよぴよぷー体操

1

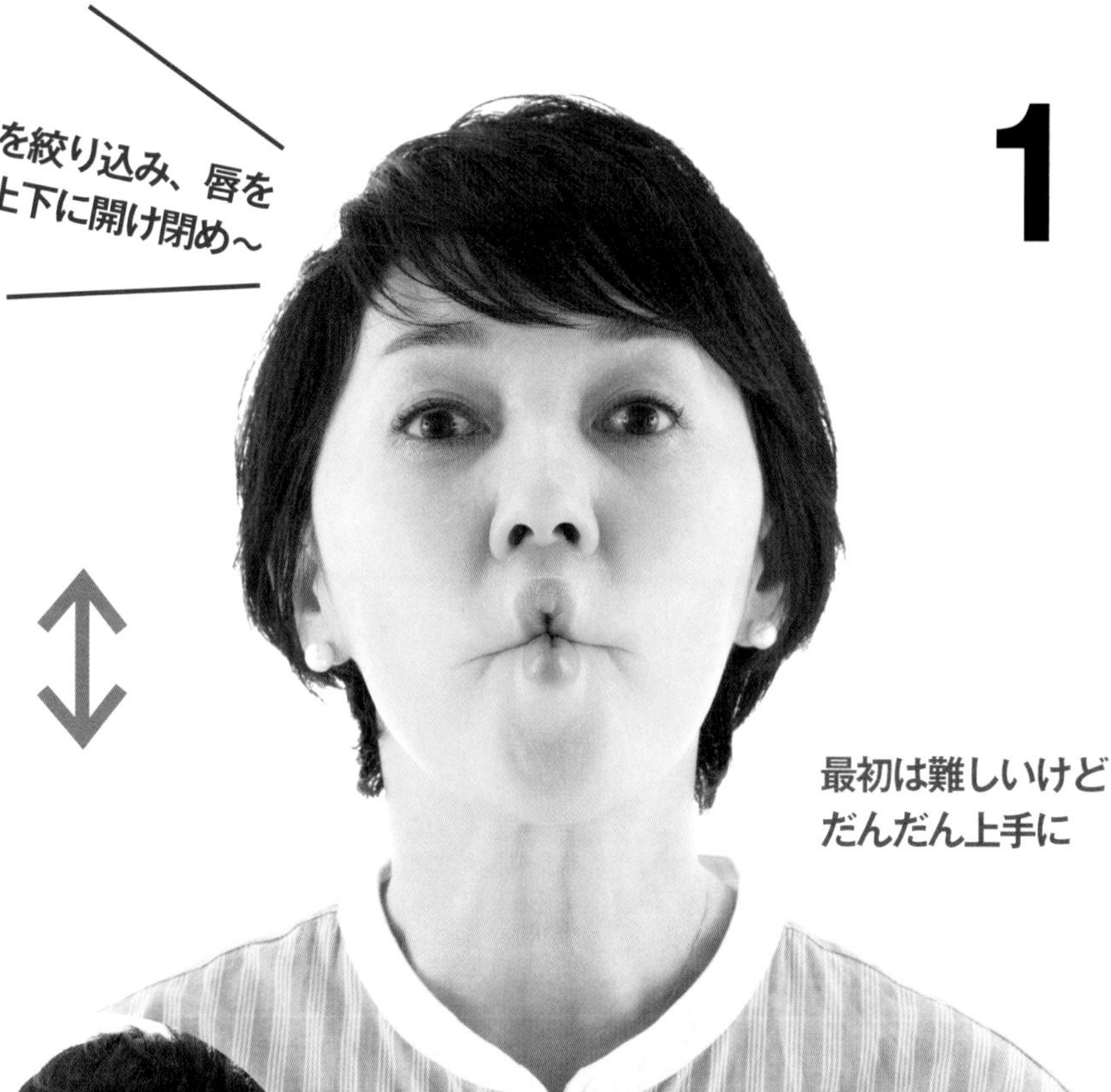

頬を絞り込み、唇を
上下に開け閉め～
最初は難しいけど
だんだん上手に

ぴよぴよ

×10回

HOW TO
動画をチェック!!

まず、頬を吸ってフェイスラインがみえるくらい絞り込み、唇を小鳥のくちばしの形にします。そして、唇を上下に「ぴよぴよ」と開け閉めします。「ぷー」は、大きく深呼吸して両頬を「ぷー」と勢いよくふくらませます。下顔面の引き締めと同時に、唇の血流もよくなります。口内も刺激され、唾液も出る出る〜！

2

SATOKO's
歯ッピー Words
顔の血流をよくして唇も肌も色艶復活!! むくみ撃退にも!

ぷー

×1回

チャレンジ！

Before After

「マスク老け撃退顔トレ」２週間やってみました！

30代 ＼気になるあごのもたつきがすっきり!!／（30歳 A.Iさん）

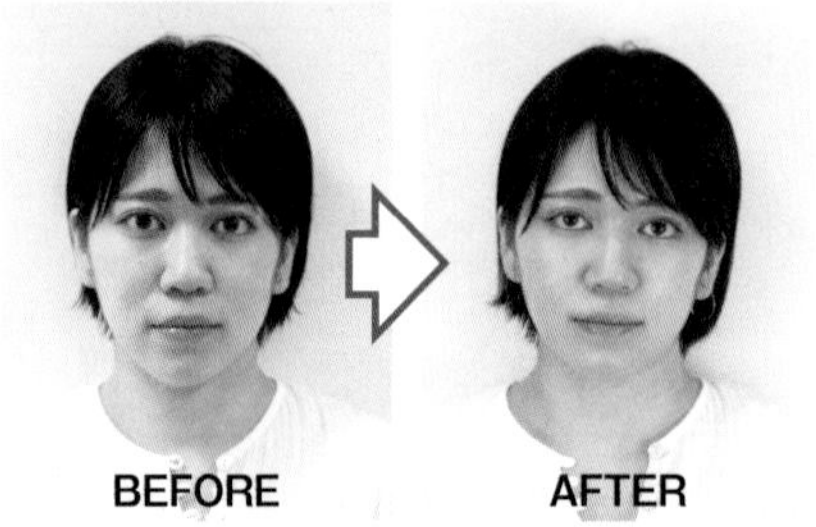

あごまわりが気になっていたAさんは「ぴよぴよぷー体操」を重点的に。驚くほど口角もアップしました。

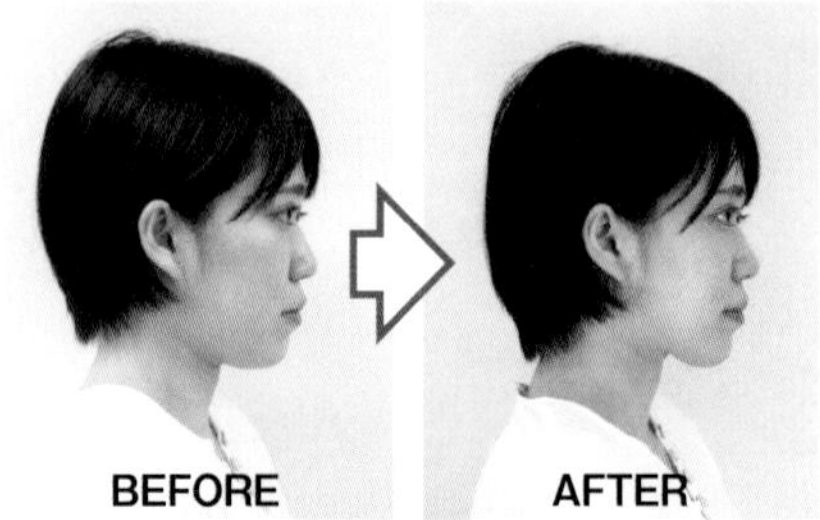

横顔を見ると、二重あごになりかけていたのがすっきり解消。「これからも毎日続けていきたいです！！」

40代 ＼頬と口角の位置がアップしてびっくり!!／（47歳M.Kさん）

口角の下がりを感じていたMさんはマスク下で「モダイオラスほぐし」と「10秒舌回し」を毎日熱心に実践。

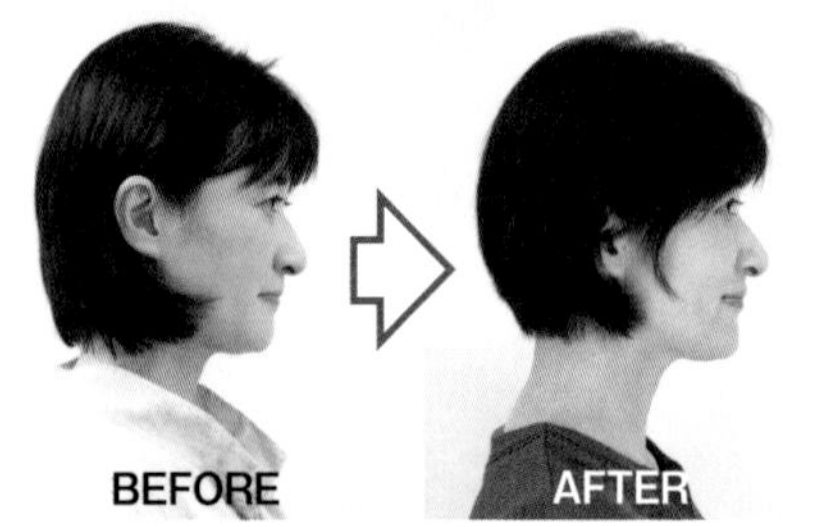

口角だけでなく頬の位置もアップ。「口が開きやすく自然に笑顔になりますね」。小顔効果も出てきています。

50代 ＼ほうれい線もマリオネットラインも薄く!!／（52歳S.Tさん）

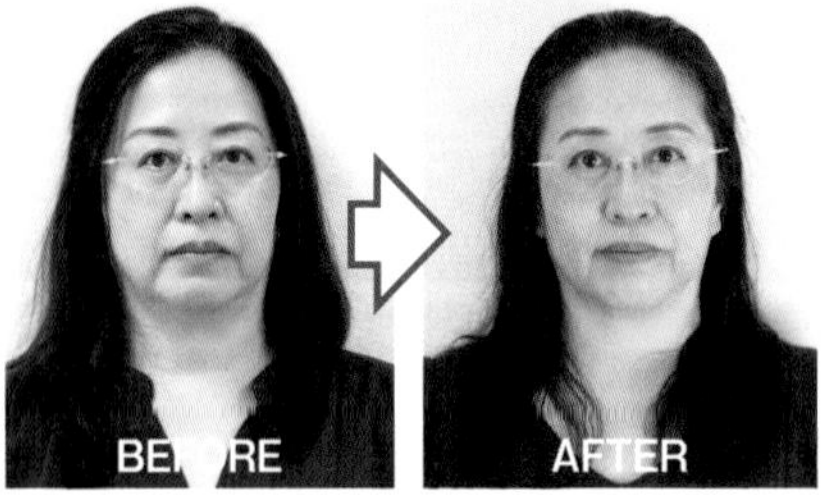

下顔面のたるみが気になっていたSさんは、通勤や仕事の合間にも「ほうれい線アイロン」「下唇ふー」を。

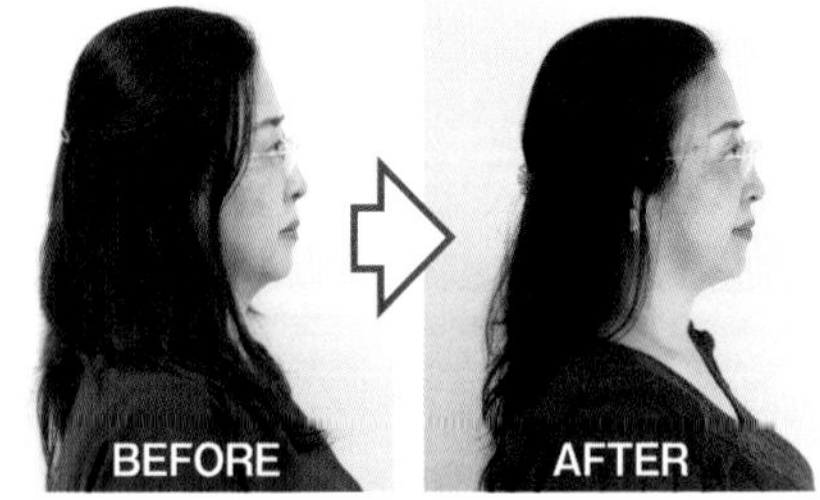

ほうれい線、マリオネットラインが薄くなり、横顔も細く。「口もとも首も動かしやすくなりました」

第3章

歯ッピールール15

ウイルスに負けない口もとになる!!

Happy Rule 01

起きぬけの口中にいるウンチ10g分の細菌を追い出そう

★起きたらすぐ口ゆすぎと歯磨きをWで

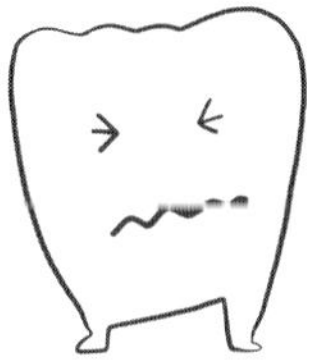

コロナウイルスにインフルエンザ、肺炎球菌と、菌やウイルスから身を守るのが当然の時代になりました。

しかし菌は外からやってくるものばかりではありません。

実は、私たちの口のなかにも約30億から6000億の細菌が住んでいるのです。

特に朝、起きぬけの口のなかは、臭いますよね。そう、口のなかには菌もマックスな状態で、うようよ。なんと便10g分の菌がいるのです！

口のなかにウンチがいる状態ですよ！

これらの菌は、「プロテアーゼ」という酵素を出します。この酵素は細胞膜をこじあけながら暴れ、インフルエンザなどの外からのウイルスや菌が侵入するのを手伝ってしまうのです。

酵素という言葉を聞くと「タンパク質分解酵素」とか、フルーツでつくった「飲む酵素」とか、いいイメージばかり想像してしまいますが、悪さをする酵素も存在するのです。口中を不潔な状態にしておくと、菌は増殖し、酵素「プロテアーゼ」を出して、体内にインフルエンザのウイルスや、菌を入れてしまうという連鎖が起こります。

だから、朝、起きたらすぐに、口ゆすぎと歯磨きをして、菌をなるべく減らすようにしてもらいたいのです。

まずスタートは口ゆすぎから。口に少量の水をふくんでグチュグチュと30秒かけてゆすぎます。睡眠中に増えた菌を追い出すような気持ちで丁寧に。その後、歯磨きをすると、さらに汚れと菌が流れやすくなります。歯磨きは歯を磨くだけのものではなく、菌を追い払うためにも、したほうがいいことなのです。

朝イチの口ゆすぎと歯磨きで、美と健やかさを保つ朝活の始まりです。

Happy Rule 02

長生きしている人の朝食は毎日同じメニューだった!!

★毎朝きちんとかんで食べることが重要

先日、ニュースで世界最高齢、117歳の女性の話題がありました。

私が驚いたのは、インタビュアーが彼女に「どんなものを食べているのですか」と質問したときの「毎日、同じものよ!」という答え。

毎日バリエーション豊かに、体によい、オーガニックなものを、という答えを期待していただけに、かなりびっくり!! でもこれってすごいこと。若い頃から毎日同じもの、ということは、117歳でもりんごやナッツ、硬いパンなどを、よくかんで食べられる立派な口もとを持っているってことですよね。よくかんで食べることで脳や体全体の血流を良好にし、良質の唾液を出すので内臓にもいい影響が。すべて歯やかみあわせがちゃんとしているからできることなんです。

実は私もお正月以外は、ほぼ同じ朝ごはん。胚芽玄米のトーストに卵1個、キウイ1個（夏はグレープフルーツ）、ミルク入りのコーヒー。卵のアミノ酸、トリプトファンは、午前中に食べることでハッピーホルモンが生成され、夜は快眠物質に。キウイは食べる点滴と言われる万能フルーツ。そして硬めのパンをよくかんで唾液を出します。きちんと朝ごはんをかんで食べると、口中が清浄化され、口臭も出にくくなりますよ。顔トレにもなり、一石二鳥の美容健康法なのです。

私が毎日食べている朝ごはん。家族には「よく飽きないね」と言われますが、117歳の彼女もこんな感じなのでは！？

Happy Rule 03

家庭内感染の落とし穴は歯磨き粉ってホント⁉

★自分にぴったりな「マイ歯磨き粉」を使って

新型コロナウイルスの流行では、家庭内感染もクローズアップされました。別の部屋でご飯を食べたりと、行動を別にしていたとしても、意外に共用してしまう盲点に、歯磨き粉があったのではないでしょうか。

歯ブラシはもちろん別々でしょうけれど、意外とひとつの歯磨き粉を使いまわしている家庭は多いのではないかと思います。東京都の小池知事も歯磨き粉の家族共有を指摘されていましたが、知らず知らずのうちに、歯ブラシをそこにつけて使うわけですから、感染源となってもおかしくありません。

昔は歯磨き粉もそんなに種類がありませんでしたし、それでもよかったのです。しかし今は感染防止という観点からだけでなく、私は一人一人にふさわしい「マイ歯磨き粉」を使うことをおすすめしたいですね。

歯磨き粉のセレクトは、年齢や口もとの状況で違ってきます。子どもたちには虫歯予防にフッ素の入ったものを選びたいですし、そろそろ歯茎の健康が心配な高齢者は歯茎を引き締める成分が入ったものを選ぶでしょう。白い歯をキープしたい女性たちは、ホワイトニング用を選ぶでしょう。私もポリリン酸とヒノキチオールを配合したホワイトニングと口臭のための歯磨きジェルをプロデュースしました。

その時々の目的や状況で変えていくのが自然です。「マイ歯磨き粉」をこれからの当たり前にしましょう。

輝く白い歯のヒミツ「ポリリン酸」を配合した「ナチュラルドロップス　薬用歯磨きジェル」(コスメキッチン限定発売)　研磨剤、発泡剤、防腐剤など不使用で安心です。

Happy Rule 04

口のなかのセンターは舌！舌が正しい位置からズレると大問題!!

★鏡を見てこまめなチェックをしましょう

「マスク老け撃退顔トレ」を実践した方は、「舌」の重要性をわかっていただけたのではと思います。そう、舌は口のなかのセンターなんです！　少し前のＡＫＢ48で言えば指原莉乃さんの存在なんです。

真ん中にいるアイドルは忙しい。とにかく動き、話し、歌い、踊りますよね。舌もそんな存在。でも舌がいきいきと動き、活躍すれば、体に汗をかくように、唾液もたっぷり出るというわけです。

しかしマスクをしている生活では、メールばかりで会話をしない、飲食のバランスが悪くなる。すると舌の筋肉の動きが鈍くなります。そう、舌も筋肉なのです。しかも首もとまでつながっているのです。舌の筋肉が弱くなると血流も滞り、唾液も不足します。ウイルスもためやすくなるし、口臭の原因にもなるのです。

まず鏡で、舌の収納位置をチェックしてください。

口を閉じたとき、舌先が上の前歯の裏側にきちんと収納されていますか。

舌が正しい位置にあると、舌の真ん中にある舌苔《ぜったい》（舌上の老廃物）のたまりやすい場所が口蓋というあごの粘膜に触れるため、自然とそうじができます。顔もたるみにくくなり、鼻呼吸ができるので風邪やインフルエンザの予防にも。

「レロレロエクササイズ」（P36）や、アインシュタインさんのように、思いきり舌を前に出す舌の筋トレをしましょう。舌のセンター復活を祈ります！

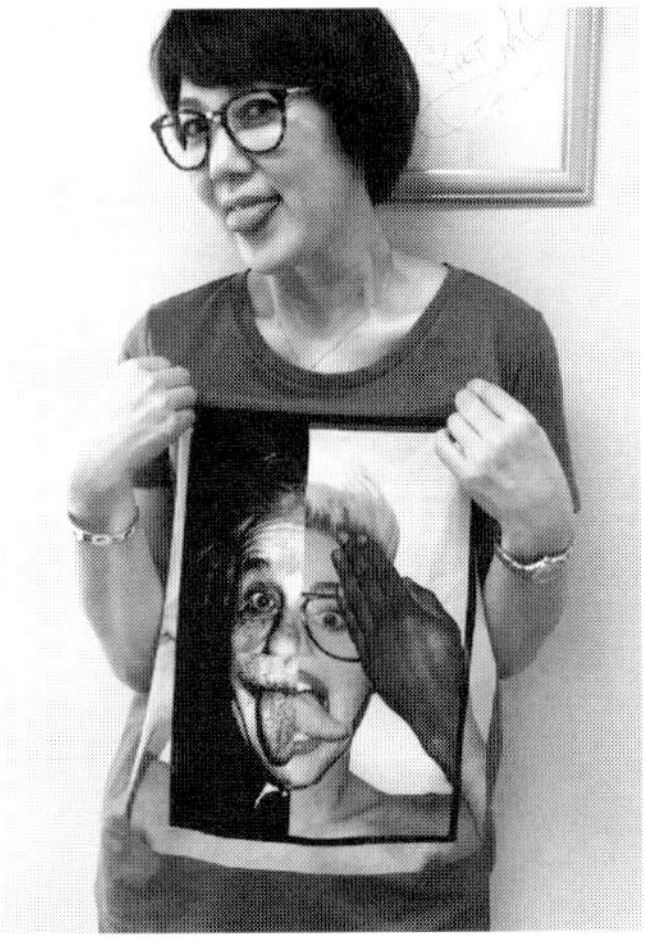

このTシャツのアインシュタインさんの写真がお手本。さあ、べーっと舌を前に出そう！

05

Happy Rule

ステイホームで増加のだらだら食べ飲み。細菌大暴れ、口中環境の大敵

★オトナはワインを飲んだら水をひと口

ステイホームやリモートワークで、食事が不規則になる方が増えているようです。ちょこちょこ間食したり、だらだら食べたり飲んだりすることは口中環境の敵。飲食が長時間行われている状態はよいとは言えません。口中のｐＨバランスを崩してしまうのです。実際に歯の黄ばみが気になり、ホワイトニングにいらっしゃる方が増えています。

通常、良好な状態の口中はｐＨ７。飲食で酸性に傾き、ｐＨ値が5.5になると「脱《だっ》灰《かい》」と言って歯の表面が溶け始めます。そして、食事が終わると数時間かけて、また再生修復するのです。

しかし飲食がダラダラと何時間も続いていたらどうでしょう。歯の表面の再生能

力が活かされず歯を汚し、さらには歯のエナメル質を弱くさせる酸蝕症《さんしょくしょう》や、知覚過敏症も引き寄せます。
たとえばワインはレモンと同じくらい酸が強く、ｐＨ３〜４。ビールはｐＨ４〜4.5。長時間飲み続けると、歯は悲鳴をあげ、アルコールは体内の水分を奪うので、口中も乾燥し、唾液不足から口中の状態が悪化します。酔っ払って歯を磨くの忘れちゃった、なんていう翌朝の口中は細菌が暴れ放題。歯周病や虫歯にも直結ですよ。

オトナはさっと飲み、食べ、ワインを嗜むなら水をひと口。そして歯磨きタイムをもつ余裕を残してください。

美味しいワインは私も大好きです。でも、長時間のだらだら飲みにはご注意。

Happy Rule 06

汚れがたまった舌は「菌じゅうたん」!? 最低20回かんで唾液を出そう

★綿棒でそうじ。弾力のある食材をセレクト

舌が正しい位置にポジショニングしていれば、顔のたるみも減り、自分の舌で自然にそうじもできて、口中も健康です。

舌の汚れが気になるとき、どうしていますか。まさか歯ブラシでこすったりしていませんよね？　舌は内臓の鏡であり、粘膜です。とてもデリケートなので、歯ブラシでは傷ついてしまいます。

汚れが気になるときは、綿棒を水で濡らし、舌の表面を3〜4回軽くこすってください。くれぐれも、力は入れすぎずに。

綿棒は、とても使い勝手がいいのです。表面が波打っている歯のエナメル質の汚れも、キュッとこするだけで色素汚れをとってくれます。

舌を菌じゅうたんにしないためには、よくかんで、唾液を出すことが何より大切。

食べ物をかむときは、最低20回はかんでください。

ただ硬いものを食べればよいのではなく、弾力のある食材を選ぶのがいいでしょう。硬いだけだと、さくさくと飲み込んでしまいがちなのです。かみごたえがあってそれが美味しさを盛り上げてくれる、雑穀米にゴマをプラスしたものや、かむほどに美味しいナッツなどがよいでしょう。

かむことで、唾液が出て、菌じゅうたんとはさよなら。そして、血流をアップさせて、脳の前頭葉を活性化させて記憶力アップ。リズムよくかむことで、副交感神経が刺激され、ハッピーホルモンのセロトニンも分泌されます。セロトニンが分泌されれば、効果的な睡眠もサポートできます。

さらにかむことで咬筋を使い、バランスがとれて、小顔効果も期待できますよ！

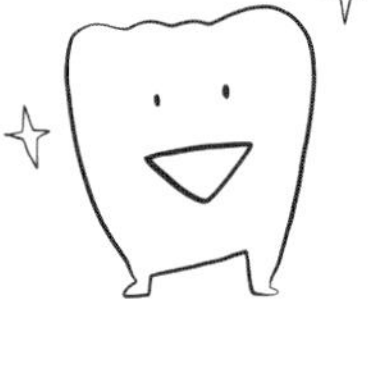

Happy Rule 07

磨く時間にワンモアプラス。歯ブラシは磨くだけのものじゃない

★口角アップ歯ブラシ体操のすすめ

口角アップは、歯ッピースマイルに必須。笑ったり楽しい話をしたりするときに自然に上がるところです。写真撮影でも、歯ッピーがましましですよ。

このトレーニングは小道具が必要なので、第2章の「マスク老け撃退顔トレ」には入れなかったのですが、マスク生活の今、ぜひプラスしてください。

小道具とは、歯ブラシ！　行うタイミングは、朝。交感神経のスイッチオンです。

歯磨きが終わったら、歯ブラシを左右均等になるよう、犬歯でかみましょう。

歯ブラシの柄が割り箸くらいの厚みだとかみやすいです。

犬歯でかんだらキープした状態で口角をぐーっと上げ、10秒キープです！

最初はきついかもしれませんが、だんだんと口角まわりの筋肉が上がりますよ！

むくみがちな人にもおすすめです。

口角アップ歯ブラシ体操

マスク生活で口角が下がったかな？　と思ったら毎日、この歯ブラシ体操を
続けてみてください！　ハッピーホルモンのセロトニンが出て、ご機嫌に。

Happy Rule 08

スマホ下向き、ＰＣあご突き出し。その姿勢が下顔面をたるませる！

★無意識のリモート姿勢をチェックしよう

いろいろなメディアの情報やＳＮＳによって「口もとまわり」を「顔の下半分」という新たな注目点に置き換える流れが現れています。

そう。下顔面の重要さにみなさん、気がつき始めたのです。

ちょっと考えてみてください。目もとのシワは、笑顔によって「美しいもの」に変化させられます。でも、下顔面のシワといえば、ほうれい線や、輪郭のたるみなど、あっという間に「老けてる」と思わせてしまう要因になるのです。

スマホを見ているとき、人はうつむき、下顔面はゆるんでいます。

ＰＣを見ているとき、人はあごを突き出し、やはり下顔面は置き去り。頬杖はその下顔面をさらに甘やかします。

そこで出てくるのが「落ちベロ」や「舌下がり」といった、新たなキーワード。「落ちベロ」「舌下がり」とは、そういった無意識のリモート姿勢から、低位舌《ていいぜつ》になってしまうこと。舌が喉のほうへ低く下がってしまうことで、下顔面がたるむだけでなく、喉詰まりも起こし、誤嚥の原因に。また、呼吸しづらくなって口呼吸になり、唾液分泌の低下にまでつながるのです。「舌下がり」は顔のたるみの原因にもなります。

さあ、スマホ下向きが続いたら、姿勢を正し、目線を床と平行にしましょう。血流がよくなり、唾液も流れます。姿勢、チェックしてみてくださいね。

Happy Rule 09

ほうれい線とマリオネットライン。マスク老けの2大シワ要因とは!?

★しゃべる、かむ、舌の筋トレですっきり

一般的に「ほうれい線」とは頬まわりの筋肉が老化し、下がってきて、頬がたるんだ結果、出てくる鼻の脇から口角にかけてのシワ。そして、「マリオネットライン」は、その下の口角からあごまでのシワです。目尻の笑いジワは許せても、この2大ジワが出てくると「老けたね」という印象が強くなります。特にマリオネットラインは、口角付近の筋肉が硬くなるために、頬のたるみの重みを支えられず、口もとにかけてゆるんで広がるシワ。あるとドキッとしますよね。このほうれい線とマリオネットラインが、マスクの下で連鎖して出てくる人が増えているようです。

原因は、スマホを見るときのうつむく姿勢、マスクの下での会話不足や、かむ回数が減ることで下顔面の運動量が少なくなること。これらのことで、口角下制筋《こうかくかせいきん》や

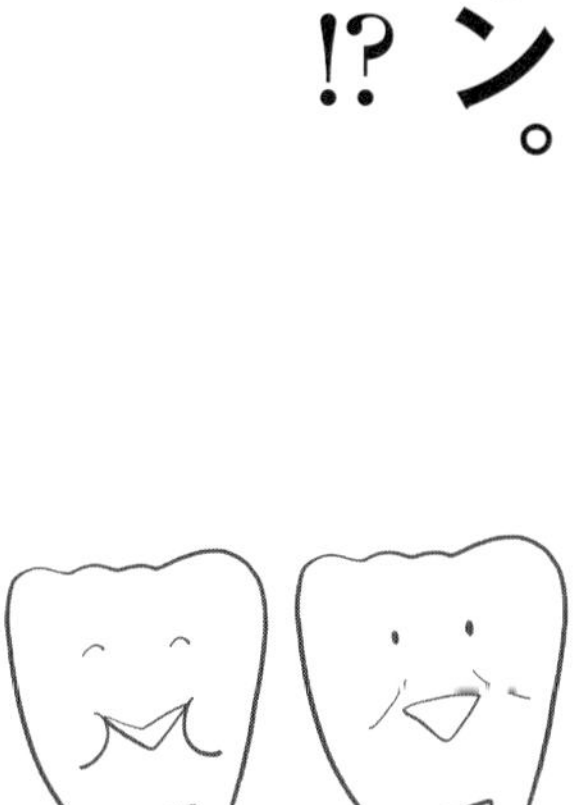

頬骨筋（きょうこつきん）の働きが悪くなります。表情も、唇まわりが下がってしまい、「への字」の口もとになっているでしょう。その結果、嫌な2大ジワができやすくなるのです。

そこで自分の筋肉を動かし、肌の代謝や血流をよくしてシワを防ぐ。それが、「10秒舌回し」（P20）や、「ほうれい線アイロン」（P26）などの舌を回すトレーニングなのです。

知人の病院でも、舌を回すトレーニングをする人としなかった人を比べると、舌まわりの筋力に差異が出たという報告があります。

大事なことは、身体のストレッチなどと同様に、舌をゆっくりと回すこと。口とまわりの筋肉も全体的に少しずつ鍛えられ、左右の口角の位置も安定し、歪みが改善します。顔や首、頭や口内まで含めると約70種類の筋肉をゆったりと動かすことになるので、血流やリンパ液の流れもよくなり、たるみにも効果が出るのです。

肌の外から強くマッサージして、摩擦で肌を痛める心配もありません。

舌の筋トレは「マスク老け撃退顔トレ」の最重要部分。ぜひ毎日の習慣として、取り入れてください。

Happy Rule 10

あごマスク、2日目マスクしてませんか？ 気をつけたいマスクのつけかた

★マスクは不織布を使い捨てて

私たち医療従事者はずっとマスクをつけています。長年つけているのでもう慣れましたが、マスクを外すと解放感がありますね。マスクについては、いろんな論議がありますが、ウイルスの感染を防ぐ口もとの防護壁と考えるとマストです。最近は色々な素材、色、デザインのマスクを着こなしの一部としてお洒落に楽しんでいる人も多くなりました。手作りの布マスクを素敵につけている方もいらっしゃいますよね。ただ、毎日洗濯してくださいね。

感染防止という観点から考えると、布よりも不織布の使い捨てマスクを使うのがおすすめです。あごにずらしてしゃべっている人を見かけますが、マスクについた雑菌をまた口にもってくるのはどうでしょう。外すときは紐に小指をかけて外すのがポイント。そして菌やウイルスだらけのマスクは1日で捨てましょう。

Happy Rule 11

マスクの下で口呼吸する人が急増中。口内の乾燥は口臭や病気を招く

★口ゆすぎと水分補給でいつも潤いを

マスクの下で自分の口臭を感じる人が増えているようです。でも口臭には、気にしなくていい口臭と、気にするべき口臭があるのです。気にしなくていい口臭で一番わかりやすいのが、朝の口臭。一般的に生理的口臭と言われます。就寝中に唾液が半減して、菌が活発化することが原因です。でもこの朝の生理的口臭は歯磨きをし、朝食を食べ、活動し始めると消えていきます。

それとは逆に、気にしなくてはいけない口臭があります。まずはカラダの不調が原因の口臭。歯周病や虫歯を放置したことにより、口中のみならず、全身の体調の悪化が口臭を呼び込む連鎖口臭です。これは終日臭います。

次に気にしたいのはダイエット口臭。これは世代にかかわらず、ダイエットをしている人に起こりがちです。過度な食事制限で、体内のタンパク質や炭水化物が奪

われ、体が中性脂肪を燃やし始めて、脂肪酸に変化し、臭い始めるのです。最後に更年期世代の口中で、喉の渇きやストレスによる口臭があります。加齢と共に唾液不足が起こり、ドライマウスの状態にもなります。

その上、最近、マスクの下で増えている深刻な問題が「口呼吸」です。本来は、鼻呼吸が健康的。鼻のフィルターが外部からの侵入物をブロックしてくれます。一方、口呼吸は、外敵に無防備。口内を乾燥させ、唾液も少なくなり、口臭だけでなく、様々な疾患のリスクを上げる原因に。虫歯や歯周病にもかかりやすくなります。口内が乾いたなと感じたら、水分補給をしたり、こまめに口をゆすぎましょう。

「ナチュラルドロップス ユーカリマウスウォッシュ」。抗菌効果に優れたハーブエキスをブレンド。レモングラスミントの香りでお口をやさしく爽快に。（2020年12月15日よりコスメキッチン限定発売）

Happy Rule 12

口中にもあのホルモンが⁉ 口もとの運動量を増やして歯ッピーに

★とにかくかむかむ！ ホルモンウエルカム～

いつの間にかしのびよっている恐ろしい口中の病気といえば、歯周病です。今や男女を問わず、成人の85％が歯周病と言われています。この病気は、歯周病菌が出す毒素が痛みを麻痺させるので、自覚がなくじわじわと進行していくのが特徴です。音もなく進行し、最終的には歯を支える骨を溶かすという恐ろしさ。

しかもこの歯周病は、ある理由から女性のほうがかかりやすいのです。

その理由とは、歯周病菌は女性ホルモンが大好物だから！

なぜ口中に女性ホルモンがあるのかと、不思議に思われた読者もいることでしょう。これが、あるのです。実は歯と歯肉の間からは、少しずつ女性ホルモンが出ているのです。これを一部の種類の歯周病菌は、エサにして繁殖するらしいのです。

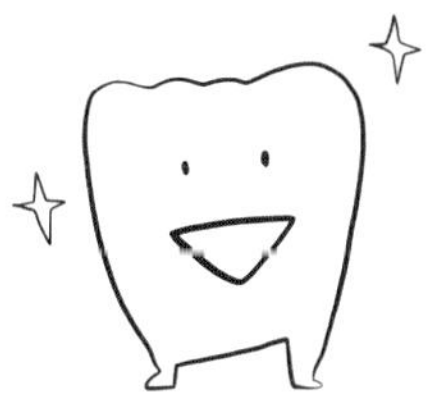

女性には、女性ホルモンが変動する3つの時期があります。それは思春期、妊娠期、閉経後。これらの時期、歯周病菌が最も暴れ出すのです。

思春期には、思春期性歯肉炎が起こったり、口臭も強くなることがあります。

また妊娠期には、女性ホルモンのエストロゲンが増殖し、それを好物とする歯周病菌が大量発生。さらにプロゲステロンが炎症のもととなるプロスタグランジンを刺激して歯肉を腫れやすくしてしまうのです。

最後に閉経後です。女性ホルモンの分泌が落ち、そのせいで骨密度が低下し、骨粗鬆症が起こります。すると、かむ力も弱くなってしまい、ゆるくなったあごや歯肉が、歯周病のリスクを上げるのです。

「美唾液プッシュ」（P32）他、「マスク老け撃退顔トレ」をすることで、成長ホルモンの「パロチン」を含む唾液が出てくれます。この「パロチン」は、若返りホルモンとか、美肌ホルモンとも呼ばれています。これはかむことによって分泌が促進されます。特別なことではなく、食事のとき、よくかむことが大切です。

口もとの運動量を増やし、さらさら美唾液で口中をきれいにしましょう。

歯ブラシ、フロス、歯間ブラシ。〝三種の神器〟を使いこなす

★自分に合ったデンタルケアグッズを

歯ッピーな笑顔でいるために何よりも大切なのは、口中の健康です。そのためには毎日のケアは必須です。でも毎日ガシガシと歯を磨くだけでは、子どもと同じ。大人には大人のケアがあるのです。歯肉はもっとやさしい力で汚れを落とさなくちゃとか、歯間の汚れも丁寧にとるようにしようとか。

そこで歯ブラシ、フロス、歯間ブラシの〝三種の神器〟をセットで使いこなすことをマスターしてほしいのです。口中には、硬質な歯、デリケートな粘膜、舌

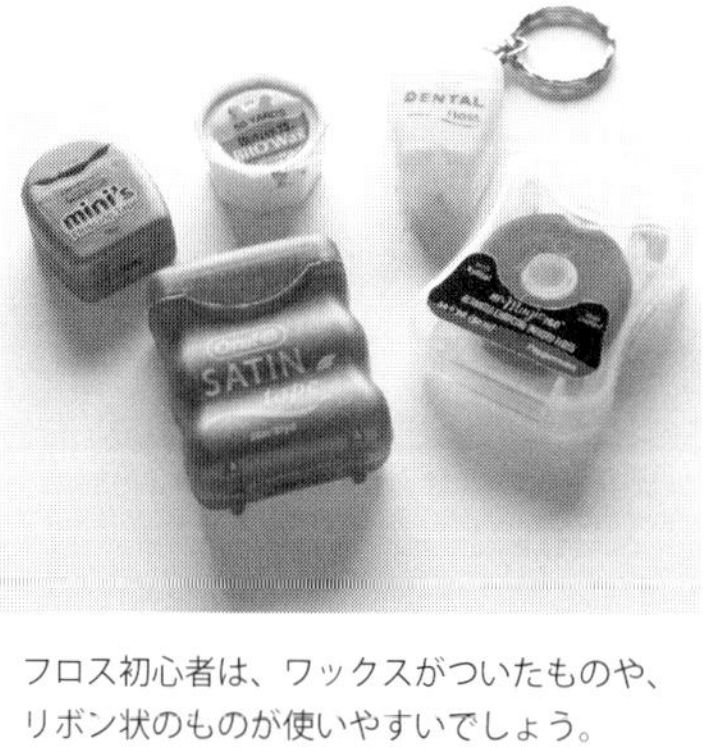

フロス初心者は、ワックスがついたものや、リボン状のものが使いやすいでしょう。

などあらゆる複雑な要素が混在していますから。

どんなに高価な歯ブラシも、緊密にくっついている歯間には入り込めません。虫歯や歯周病菌も滞留しやすく、ダメージを受けやすい歯間には、デンタルフロスを使うと90％近くまで歯垢除去率が上がるのです。

初めてデンタルフロスを使う場合は、ワックスでコーティングしてあるものが使いやすいでしょう。また、ケチらずに指から肘より少し長めにカットして、歯の間を丁寧に通してください。夜の歯磨きの仕上げに使うのがおすすめです。

また、歯間ブラシは歯肉に近い三角地帯の隙間に通します。ただ何度もゴシゴシやると歯肉が退縮しますから、自分に合ったサイズでやさしく、すっと通過させておしまいにしてくださいね。

歯間ブラシは無理なく自分に合ったサイズを使いましょう。何回もこすらず一度通過で。

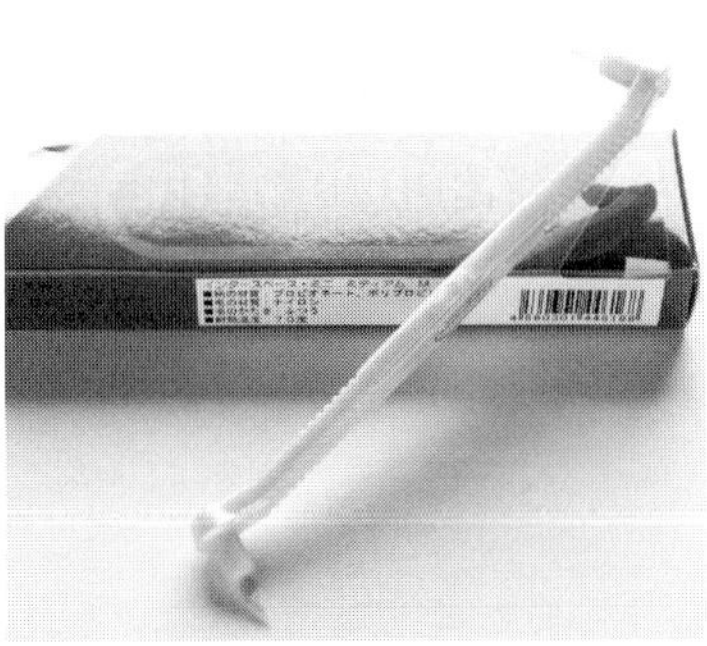
歯と歯肉の間の汚れをとるインタースペースブラシ。使い方をきちんとマスターして。

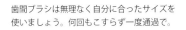

Happy Rule 14

リップラインなし&ノーケア唇はマスク老けを加速させる!!

★縁取りと「NMKの法則」を守って

歯ッピーな笑顔を支えるのはキュッと上がった口角と、若々しいぷるんとした唇。でも唇は、マスクの下で、蒸れたり、こすれて水分をとられてしまい、荒れている人が多いのではないでしょうか。

ぜひ、美しい唇のための3つの習慣「NMKの法則」を守ってください。

「舐めない(N)」。舐めるといっそう乾燥してしまうのです。

「むかない(M)」。傷になってしまいます。

「こすらない(K)」。こすることで、色素沈着を招きます。口もとのメイクオフは、専用クレンジングと水で湿らせたコットンでやさしくふきとってください。

ちなみに私はワセリン配合のリップクリームをこまめに塗ります。マスクの下でも、リップラインをしっかり描くと心も引き締まり、口角がキュッと上がります。

気持ちがもやもやしたときは、唇のラインをしっかり描くと、すっきり。潤いをたっぷり補給し、きれいな口もとでテンションアップしていきましょう。

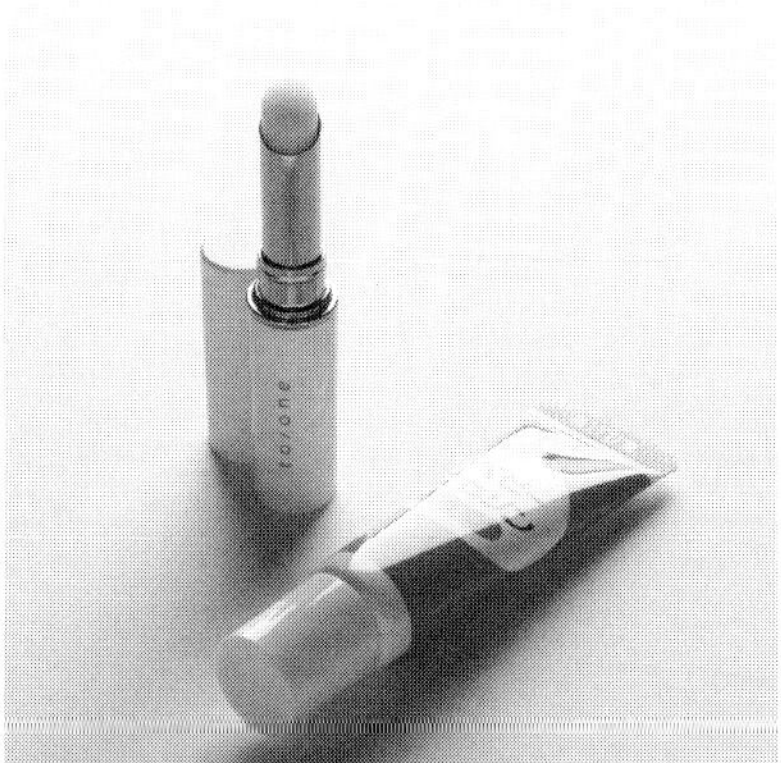

自分の唇に合う、良質のリップクリームを常備することも大切。香りも好き嫌いがあるでしょうから、気持ちの上がるものを探してみましょう。

Happy Rule 15

口もとは心の天気予報。「への字」から「口角アップ」を習慣化

★ストレスに負けない、ご機嫌な自分に

少し前ですが、女子プロゴルファーの渋野日向子選手が全英女子オープンで優勝したとき、彼女の笑顔は世界のメディアで絶賛されました。彼女は口角の上がった笑顔を作ることでパフォーマンスを上げ、よいプレイができたのだと思います。

コロナ禍で仕事や生活も激変。友人、家族との過ごし方も変わり、楽しい時間が少ない……。マスクの下の口もとは「への字」になりがち。そのままだと「マスク老け」まっしぐらです。つまらないとき、大変なときこそ、口角を上げてください。

口角をアップすると、あらあら不思議。刺激が脳に伝わり、今、楽しい、いい感じなんだと脳が勘違いするのだそう。錯覚だとしても、これはすごい効果です。しなやかで前向きな心をキープするために、口角アップを習慣化しましょう。魔法のスイッチ、口角アップで、いつでもご機嫌で、歯ッピーな笑顔でいられるのです。

第4章

さとこSTORY公開!!

女は下顔面で幸せになる!

歯科医院の診察室で育った幼い頃

私は東京・蔵前で、歯科医の一家に生まれました。両親は歯科医、祖父母たちも父方の祖父をのぞいて全員歯科医という環境でした。

両親は共働きですから、物心がつく頃には、診察室で遊んでいた記憶があります。消毒液の匂い、白衣の人たちが行き交う緊張感。そんな気配のなかで、当たり前に育ちました。

幼稚園に上がる前、その園の制帽ではなく、白いベレー帽をかぶりたがったそうで、それは母や看護師さんたちの医療用の帽子を見ていたからかもしれません。

一人だけ役人だった父方の祖父は厳格な人でしたが、私のことはとても可愛がってくれました。父も学者肌で、東京医科歯科大学の大学院で博士号を取っていますので、真面目で研究熱心な人。堅物な父を母が柔らかくサポートして、患者さんとのコミュニケーションを円滑にしていたように思います。

下町の歯医者さんは、たくさんの患者さんがいて、それはそれは大忙しでした。

夜中に「あごが外れた」という患者さんが来れば診察する、まるで24時間営業のような歯医者だったのです。だから私は自分が歯医者になろうなんて、思ったことはありませんでした。

小学校に上がる頃、歯医者の一家に生まれたことで、困ったこともありました。

それは、虫歯になれないことです。親が忙しいのをいいことに、幼い私は歯を磨いたり、磨かなかったり。それで、虫歯ができてしまいました。

学校で歯科健診があったとき、父の友人の歯科医が来ていて、後日、父に「さとこちゃん、虫歯があったよ」と告げ口されてしまったのです。

「歯医者の娘なのに虫歯ができるなんて、バカ!」

私は次の歯科健診の日は学校を休みました。歯科医の一家ならではの悩みでした。

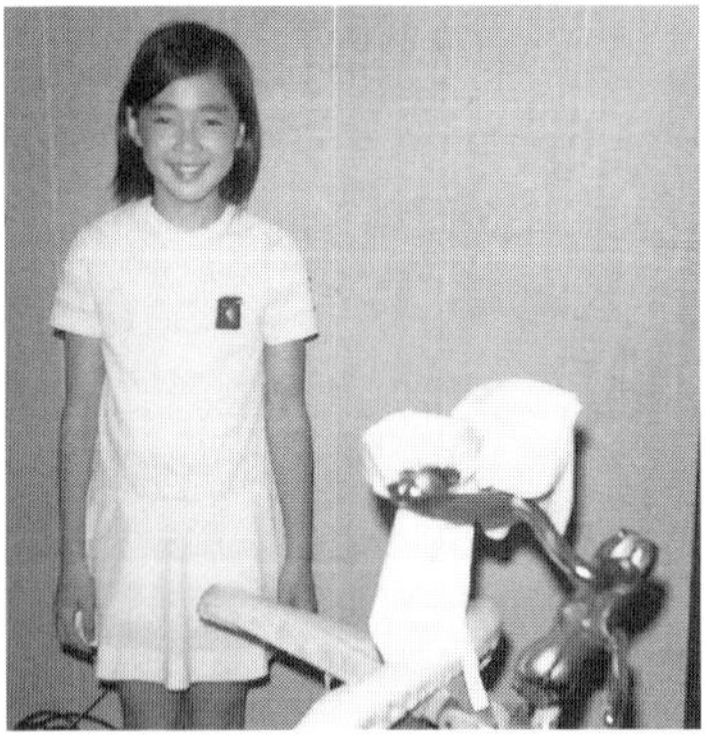

真っ黒に日焼けしていた快活な小学生時代。虫歯を知られたくないと歯科健診をズル休み。

幼稚園に上がる直前。歯科医院で育ったからか、制帽より白いベレーをかぶりたがった。

でも父は私が口笛を吹いていると「女の子が口笛を吹くなんて」とは言わず、「口笛を吹くと口もとの筋肉が動いて整うから、女の子が口笛を吹くのはいいことだよ」と、言っていました。

当時はもちろん「下顔面」を意識することなんてありませんでしたが、私が今回の顔トレを作る根っこのところに、あのときの父の言葉が生きているのかもしれません。

大学進学のときは、歯医者ではなく、医学部を目指しました。でも両親は大反対。特に父は歯科医になってほしかったようで「医学部の受験料は出さない！」と言われてしまったのです。

医学部の受験料は高いので、高校生の私には払えません。それでしかたなく、歯学部のみを受験し、そのまま歯学部へと進みました。

双子を授かっても、早々と仕事復帰。まだ少し余裕がなく、歯ッピースマイル少なめ。

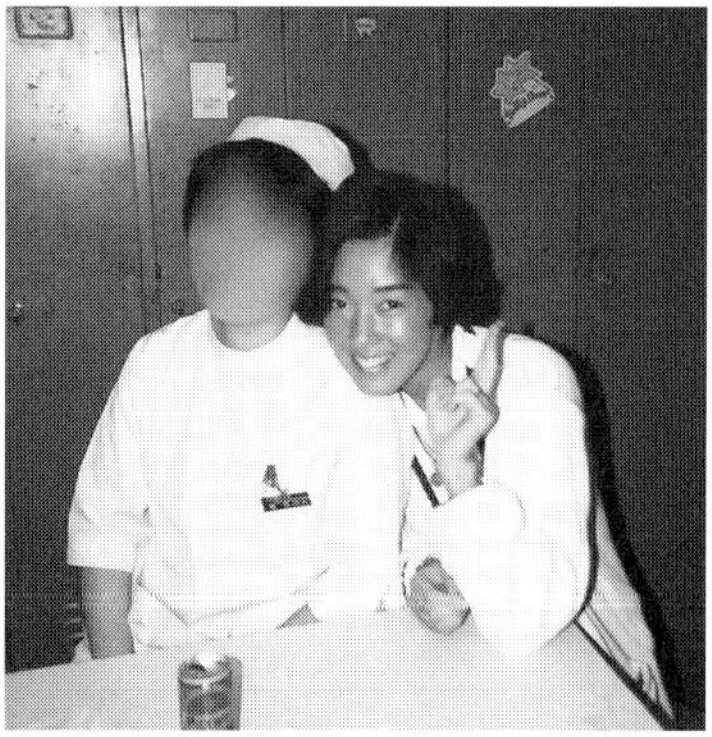

遊びも勉強もと大忙しだった女子大生時代。ファッション誌の読者モデルにも挑戦！

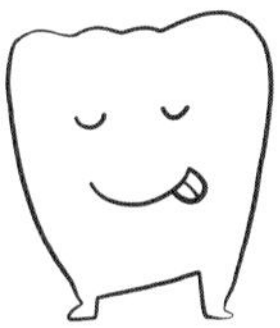

患者さんが私を歯科医にしてくれた

大学時代は、けっこうチャラチャラ遊んでいました。雑誌の読者モデルをしていたこともありました。ただ、大学3年生ぐらいから、人体に関わる本格的な授業が始まると、俄然、歯の勉強が面白くなってきました。

しかしながら今思えば、本当の勉強はその後、患者さんを診察することで本格化した気がします。とにかく患者さんと臨床経験が、私を歯科医にしてくれました。

卒業後は、とにかく経験を積もうと、地元の歯科医院で診療したり、夜間診療を手伝いに行ったりしました。

結婚は27歳のとき。同じ歯科医でした。「産むなら早く産んで、早く仕事に戻ろう」と出産をしたら、生まれてきたのは双子。これは想定外の事態で、双子の育児と仕事の両立は鬼気迫る状態でした。

おそらく私の顔は今よりもげっそりやつれ、口角も下がっていました。

出産後は1年半で仕事復帰しました。歯科医の先輩に「2年経つと機械も治療法もどんどん進化してついていけなくなるから早く復帰したほうがいい」というアドバイスをもらってのことでした。

実家にもずいぶん、世話をかけました。子どもを預けて、診察を続けました。

やがて娘たちが幼稚園に入る頃、夫婦で「石井クリニック」を開業しました。当時は私も一般治療を行っていました。自分の子ども時代、診察室が遊び場だったことを思い出し、クリニックの一角を患者さんの子どもたちの遊び場にしました。

若かった私は、抜歯の症例をたくさん経験したくて、夜の11時頃まで仕事をしていたこともありました。娘たちは待合室で宿題をしていて「おなかがすいた」とよく言いました。その頃の私は殺気立っていて声をかけづらかったと、最近になって娘たちに言われます。

そしてちょうどその頃です。私自身が、自分の歯並びの悪さに気づいたのは。

「さとこ先生はマスクしていたほうが美人よね」

と、周囲の人に何気なく言われることに気づいたのです。

確かに、いつもマスクをしているせいで、口まわりがもたつき、ほうれい線も出ていました。下顔面がひどいことになっていると、気づいたのです。

笑顔が増えれば人生は上向きに

そこで、治療代を払って夫に治してもらいました。矯正は少し時間がかかりますが、きれいな歯になると、それから思いきり笑えるようになりました。子どもたちも成長し、子育てにも余裕が出て、さらに笑顔が増えました。

そうして自信をもって笑顔になれると、人生はよい方向へ向かうものです。いよいよ「ホワイトニング」との出会いがやってきたのです。

その出会いは20年ほど前。アメリカ帰りの先生方がお話する審美に特化した歯科医向けのセミナーに参加したことでした。

その日は猛吹雪で、友人の歯科医も誘っていましたが皆キャンセル。私だけが歯の美白の講義を聴き「これを世に知らしめるのは私しかいない。私なら女医として、美容の専門用語と合わせて語ることができる」と、確信したのでした。

子どもたちの教育資金にと貯めていた貯金も解約し、レーザーの機械を買いました。最初は顧客の方にお金はいらないからとモニターをしてもらいました。

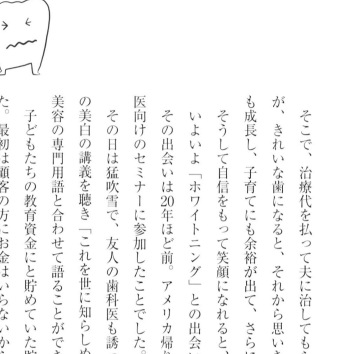

やがてホワイトニングが医療美容と認識される時代がやってきました。ある女性誌が取材に来てくれたのです。それまで「ブリーチング」という言葉が使われていましたが、私は「ホワイトニング」という言葉を提唱しました。その言葉が響いたのか、芸能関係の方がいらっしゃるようになりました。その後、ミス・ユニバース・ジャパン ナショナルディレクターから声もかかり、口もとを美しくすることで、候補者の女性たちに自信が生まれていく様子を目の当たりにしました。

歯を白くしたら、コマーシャルが決まった。オーディションに受かった。そんな嬉しい知らせと同時に、一般の患者さんたちからも「彼氏ができた」「結婚が決まった」という報告をいただけるようになりました。

私自身が下顔面改革したのをきっかけに、皆さんの下顔面改革を親身にお手伝いできるようになったのかもしれません。

医療を基盤に、美容とメンタルの向上へ。

私は今、ようやく、私にしかできないことで、皆さんに喜んでいただける幸せをかみしめています。

第5章

あなたもTRY!

マスク時代の今こそ、下顔面改革を!!

ホワイトニングや矯正のチャンス！

ずいぶん慣れてきたとはいえ、マスク生活には「めんどくさい」「ゆううつ」というイメージがまだあるかもしれません。

けれども、マスクの下で人知れず、きれいになれることができてしまうのは、とても歯ッピーなことだと思いませんか。

そう、マスクをしているこの時期だからこそ、それをポジティブなチャンスと受け止めればいいと思うのです。

たとえば、ホワイトニングや矯正といった施術も、この時期だからこそトライするチャンスです。というのも、歯の色や歯並びに悩んでいる人はとても多いから。

第4章でもお話ししましたが、私自身も、矯正して人生がどんどんよい方向へと変わっていきました。

人は、口もとに自信がもてるようになると自然と笑顔になります。笑顔になると、免疫力も上がるとも言われています。ハッピーホルモンである「セロトニン」も出てくるのです。だから自信をもって笑顔になれるよう、どんどん自分を更新していってもらいたいのです。

更新は生涯続く。それも患者さんに教えてもらいました。

まだ私がインターンの頃のことです。90歳近い上品なおばあさまが来院されました。もともとは私の実家の患者さん。その日は歯を入れると聞いていたので、私は尋ねました。「金歯ですか、銀歯ですか」。するとその方に叱られました。

「なに言っているの、あなた！　歯は白くなきゃダメでしょ！」

生涯、歯は白くなくてはならない。その方はいつもきちんとした身だしなみで、お風呂上がりに薄化粧して和服でいらっしゃっていました。

そんな人の言葉だから、私の胸に突きささったのです。

最近見た10～60代女性の「口もとで気になっていることのナンバー1」も、「歯の色」でした。ほうれい線でも歯周病でもなく「歯の色」。それは年齢差なく、永遠のテーマだったのです。

ではホワイトニングに適齢期はあるのでしょうか。

まず10代は歯の表面のエナメル質が発展途上なので、薄くてホワイトニングに痛

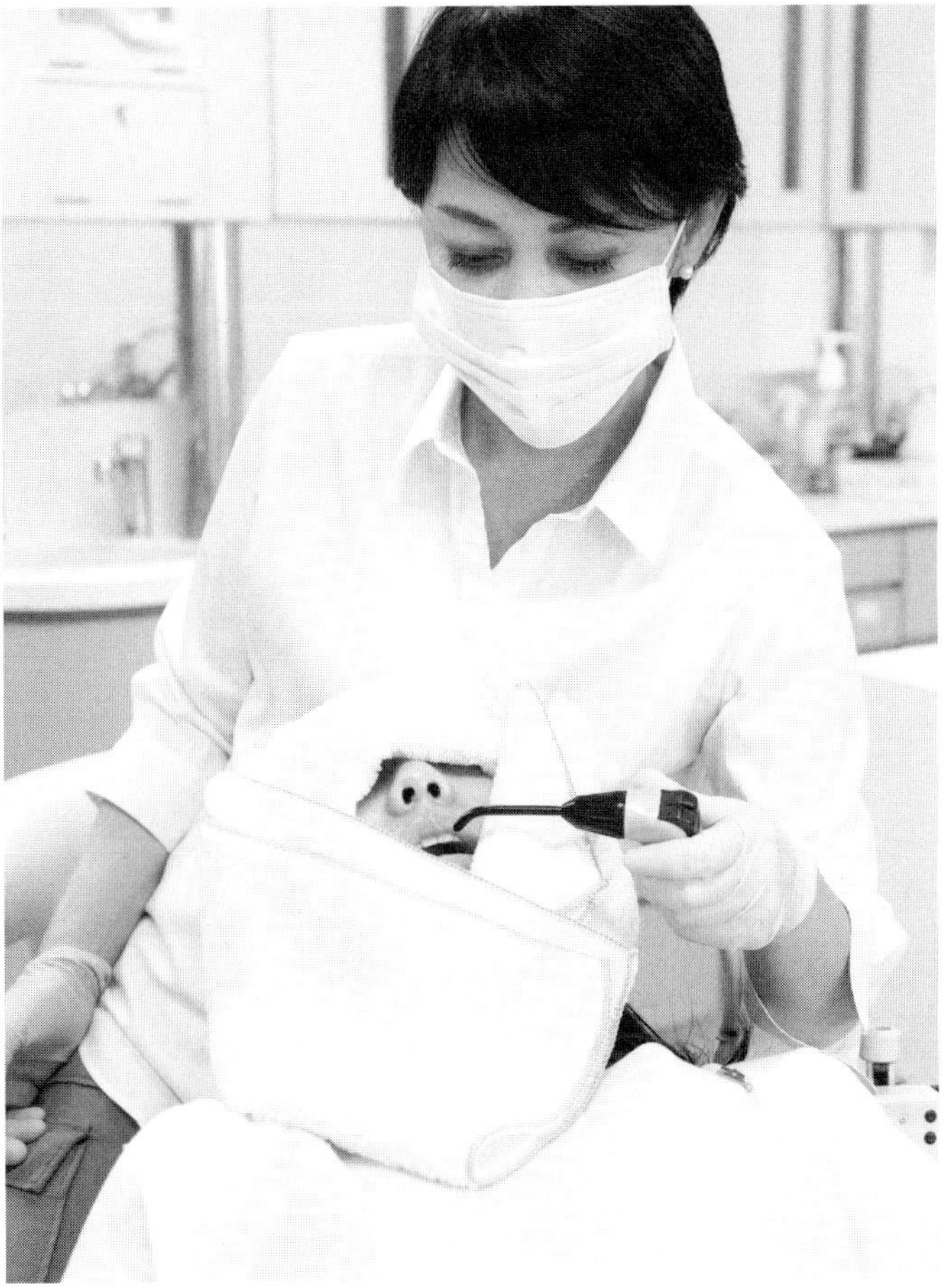

「ホワイトホワイト」で治療中の先生。☎0120-469-701　https://www.whitewhite.jp/

みを感じたりします。その後、20～30代は、エナメル質も熟成し、ホワイトニング適齢期となります。この時期にやっておくと、歯の白さをキープしやすいというデータもあります。歯の状態も安定していて、治療も進めやすいのです。

そして40～50代。更年期世代でもあるこの時期は、歯の黄ばみ、くすみが気になってきます。年齢とともに、歯の色も濃くなるのです。ここで一発逆転しておきたいところですが、同時に歯や歯茎の不調も出てくる人が多いでしょう。

私は同じ施術をするのではなく、年齢に合わせ、歯の状態や肌の色に合わせた施術を心がけています。具体的に、40～50代はナチュラルなクリーム系の白さを目指すと肌との調和が美しくなります。

具体的なホワイトニングの手法としては、クリニックでできることと、自宅でケアするものとがあります。

クリニックでの治療としては、その方の歯の色をベースとして、その色味のなかで最大限に白くします。また歯を削ってかぶせるセラミック治療なら、どんな白さにも変えることができます。

自宅でケアするものは、ホワイトニング専用歯磨き粉を使ったり、マウスピースのように数十分はめるものなどがあります。これも、マスクをしていたら目立たなくてよいですね。

矯正のワイヤーも、マスクをしていたら気になりません。もっとも最近では、ワイヤレスの矯正もあります。この場合も、マウスピースで調整していきます（歯の状態により、できない場合もあります）。

マスクをとったら魅力的できれいに並んだ白い歯になっていた！

そんな変身はきっと、あなたに歯ッピーを連れてくるはずです。

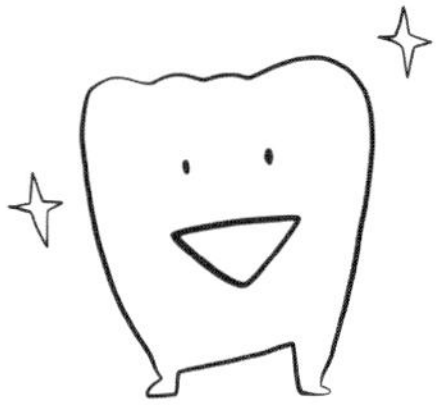

マスクの下で笑顔の準備を着々と!

笑顔になるためには、準備が必要です。

これまでお話ししてきたように、生活習慣を見直し、歯のケアをし、口もとの筋力を「マスク老け撃退顔トレ」で、しっかり鍛えてください。

最後に、美しい笑顔になれる3つの心がけをお伝えしようと思います。

忙しくて、嫌なことがあって、つらくて。そんなことは誰にでもあります。おおむね、歯ッピーに生きている私にもそんなことはあります。

でもそんなとき、私はこの3つのことで、自分を仕切り直すのです。

第一に背筋を伸ばすこと。疲れるとだんだん、背中が丸くなってきます。丸くなってきたな、と思ったら、ぴっと背筋を伸ばしましょう。

二番目に思いきり胸を張ること。背筋を伸ばしたら、大きく深呼吸。

三番目は、顔を上げてみる。うつむかないで目線を斜め上に上げてみるのです。

この3つは、誰でももともとの素敵な自分にリセットできる一番簡単な方法です。

「マスク老け撃退顔トレ」をやる前にも、この3つを忘れず続けてみてください。

どんなことがあっても前向きに頑張る人に、歯ッピーはやってきます。

プロスポーツの解説を聞いていると、たびたび出てくる「準備」という言葉が耳に残ります。本番の攻撃やピンチにしっかりと対応するためのトレーニングの準備や、カラダのケアの準備。内面的にも変化に対応できる準備をしっかりすることで、心に余裕が生まれ、笑顔が生じてくるのです。そして最後は、笑顔でいられる自分を信じられる明るいメンタルが、勝利へと導きます。

マスクの下でも笑顔の準備を着々と。最高の歯ッピーを手に入れてくださいね。

【PROFILE】

石井《いしい》さとこ

歯科医師　口もと美容スペシャリスト
「ホワイトホワイト」院長

歯のホワイトニングを日本で広めた第一人者。明るく、フレンドリーなキャラクターから「さとこ先生」と呼ばれ親しまれている。歯と体を美しく保つための食事や、歯が美しく見える口もとメイクについてのアドバイスに定評がある。2005年から2012年までミス・ユニバース・ジャパン ナショナルディレクターからの要請で、歯をプロデュースするオフィシャルサプライヤーを務める。女優・モデル・タレント・アナウンサーなど、多数のビューティーセレブからの信頼も厚い。WEBマガジン「OurAge」の連載「ご機嫌な口もと」は、役立つ話題で大好評!!　近著に『美しい口もと』。

マスクしたまま30秒《びょう》!!

マスク老《ふ》け撃退顔《げきたいかお》トレ

2020年11月25日　第1刷発行

著　者　石井《いしい》さとこ

発行人　萱島治子
発行所　株式会社　集英社
〒101-8050　東京都千代田区一ツ橋 2-5-10
03-3230-6399（編集部）
03-3230-6080（読者係）
03-3230-6393（販売部・書店専用）

印　刷　凸版印刷株式会社
製　本　加藤製本株式会社

ISBN 978-4-08-333167-1 C2077
定価はカバーに表示してあります。